A Larger Sense of Purpose

Higher Education and Society

高等教育理念与组织变革译丛　周光礼◎主编

研究型大学的使命

高等教育与社会

（美）哈罗德·T.夏普罗◎著

冯学芳　吕慧　陈晓雪　汪嘉恒　袁慧祯◎译

华中科技大学出版社
http://www.hustp.com
中国·武汉

A Larger Sense of Purpose： Higher Education and Society by Harold T. Shapiro
Copyright © 2005 by Princeton University Press
Simplified Chinese edition copyright © 2022 by Huazhong University of Science and Technology Press Co.，Ltd.
All rights reserved. No part of this book may be reproduced or transmitted in any form or by any means，electronic or mechanical，including photocopying，recording or by any information storage and retrieval system，without permission in writing from the Publisher.

湖北省版权局著作权合同登记　图字：17-2022-094 号

图书在版编目（CIP）数据

研究型大学的使命：高等教育与社会/（美）哈罗德·T. 夏普罗著；冯学芳等译. —武汉：华中科技大学出版社，2022.7（2024.7重印）
（高等教育理念与组织变革译丛）
ISBN 978-7-5680-8395-9

Ⅰ.①研… Ⅱ.①哈… ②冯… Ⅲ.①高等教育-关系-社会发展-研究-美国 Ⅳ.①G649.712 ②D771.269

中国版本图书馆 CIP 数据核字（2022）第 103149 号

研究型大学的使命：高等教育与社会

哈罗德·T. 夏普罗　著
Yanjiuxing Daxue de Shiming：Gaodeng Jiaoyu yu Shehui
冯学芳　等　译

策划编辑：张馨芳
责任编辑：苏克超
封面设计：刘　婷　赵慧萍
责任校对：阮　敏
责任监印：周治超

出版发行：华中科技大学出版社（中国·武汉）　　电话：(027) 81321913
　　　　　武汉市东湖新技术开发区华工科技园　　邮编：430223
录　　排：华中科技大学出版社美编室
印　　刷：湖北金港彩印有限公司
开　　本：710mm×1000mm　1/16
印　　张：10.25　插页：2
字　　数：150 千字
版　　次：2024 年 7 月第 1 版第 2 次印刷
定　　价：58.00 元

本书若有印装质量问题，请向出版社营销中心调换
全国免费服务热线：400-6679-118　　竭诚为您服务
版权所有　侵权必究

译丛总序

高等教育学是第二次世界大战后在西方兴起的一个综合性和应用性很强的研究领域。尽管最早的高等教育学专著要追溯到19世纪英国人纽曼的《大学的理念》，但其知识基础和制度基础却是高等教育大众化、普及化的产物。大众化、普及化催发了高等教育研究的强烈需求，一批高质量的研究成果相继问世，知识的系统化发展取得重大进展。与此同时，高等教育研究也获得了稳固的制度化支持，专门的高等教育研究机构、专业性的学术期刊社和专业性学会等纷纷成立。应该说，高等教育学因对高等教育改革的巨大推动作用而受到各国政府和学界的共同关注，成为当代国外人文社会科学的一个重要而又充满活力的新研究领域，成为一个跨越人文科学、社会科学和自然科学的交叉性的学术方向。

20世纪80年代初，随着高等教育领域的"拨乱反正"，为了加强对院校自身发展的研究，中国大学普遍设立高等教育研究所或高等教育研究室。作为一种"校本研究"，高等教育研究朝着行政化方向发展，大部分高等教育研究机构成为秘书性的"服务机构"和"咨询机构"。当然，也有部分大学的高等教育研究室有意识地朝学术性方向发展，开始了知识传统的积淀。21世纪以来，随着中国高等教育大众化、普及化，高等教育研究受到普遍关注，大批高等教育学术成果涌现出来。然而，总体来看，中国高等教育学的研究与教学起步晚、水平不高，仍有不少问题需要解决，有不少薄弱环节亟待加强。其中，一个突出问题是知识基础的建设滞后于制度基础的建设。如果说，西方高等教育学的演化过程是先有知识传统的积淀，而后进行学科设施的建设，那么，中国正好相反，我们是先进行学科设施建设，而后进行知识传统的培育。从1978年开始，厦门大学、北京大学、华中工学院（今华中科技大学）、清华大学、中国人民大学等重点大学纷纷成立了专门的高等教育研究机构。据不完全统计，中国现有400多个附属于大学的高等教育研究所（院、中心）。从1980年开始，《高等教育研究》《高等工程教育研究》《中国高教研究》等一大批高等教育研究的专业学术期刊创刊。时至今日，中国拥有上百种高等教育方面的专业学术期刊，其中核心期刊有20种之多，这些重要期刊每年刊发学术论文3000余篇。1983年，中国高等教育学会成立，现拥有专业性二级分会63个。1983年，高等教育学作为教育学的二级学科进入国家学科目录，开始培养高等教育学硕士研究生和博士研究生。然而，这些学科设施的建设仍然掩盖不了知识基础的薄弱。为了强化知识基础建设，学术界热衷于对西方高等教育学名著的引进、消化和吸收，但我们在这方面的工作仍然做得不够。虽然我们翻译出版了一些高等教育理论方面的名著，但高等教育理念与组织变革方面的译著并不多。目前，国内学界仍缺乏对西方高等教育理念与组织变革的系统了解以及对其最新趋势的跟踪研究，批判、消化和吸收工作也就难以深入开展。因此，当务之急是要紧密跟踪国外高等教育理念和组织变革发展的最新趋势，大胆借鉴其新理论和新方法的成果。

中国的高等教育强国建设，尤其是"双一流"建设，对高等教育研究提出了更高的要求。正如习近平总书记所言："我们对高等教育的需要比以往任何时候都更加迫切，对科学知识和卓越人才的渴求比以往任何时候都更加强烈。"新形势要求我们迅速改变高等教育学研究和教学比较落后的局面，解决目前高等教育学发展中存在的诸多问题，克服各种困难，迅速提高中国高等教育学的研究和教学水平，以适应快速变化的高等教育改革与发展的需要，迎接新时代的挑战。

高等教育学的研究对象，是高等教育与社会发展之间的关系。它以行动取向体现理论与实践的统一；其目的和功能是提供高等教育改革的依据，服务于"基于证据的改革"实践。一个国家的高等教育，是与一个国家的文化模式相适应的。高等教育研究以各国具体的高等教育实践为基础，它要反映各国高等教育体制与结构、组织与管理，因而各国的高等教育学都具有自己的特色，这是知识的特殊性。但同时必须认识到，现代高等教育学是西方的产物，西方高等教育的许多理论、范畴和方法反映了高等教育的本质，属于全人类共同文明成果，可以为我所用，这是知识的普遍性。高等教育学要建立中国自主的知识体系，既要立足中国实践，扎根中国大地，又要大胆借鉴西方高等教育的理论与方法，充分吸收其积极成果。正是基于这种考虑，我们组织翻译了这套"高等教育理念与组织变革译丛"，以系统全面地反映西方高等教育理论发展的现状和成就，为中国高等教育学科的教学和科研提供参考资料和理论借鉴。

"高等教育理念与组织变革译丛"精选西方高等教育研究领域富有影响力的专著，代表了当代西方高等教育研究的最新学科框架和知识体系。所选的专著，有如下三个突出特点。一是学术水平高。作者基本上都是该领域的名家，这些专著是其主要代表作，系统展现了作者多年的研究心得。例如，《当代大学的动态演变：增长、增累与冲突》《寻找乌托邦：大学及其历史》《美国研究型大学的发展（二战至互联网时期）：政府、私营部门和新兴的网络虚拟大学》《研究型大学的使命：高等教育与社会》是加州大学伯克利分校高等教育研究中心举办的"克拉克·克尔高等教育系列讲座"的名家成果。

二是实践性和应用性强。这些著作直接面向问题、面向实践、面向社会，探讨高等教育实践中出现的新问题，作者用大量实践经验和典型案例来阐述相关理论问题，所提出的理论和方法针对性较强，具有现实参考价值。例如，《大学变革之路：理解、引领和实施变革》具有强烈的问题意识和应用导向。三是涉及主题广。这些专著涉及高等教育研究的四个主要领域，即体制与结构、组织与管理、知识与课程、教学与研究，能够满足不同类型读者的需求。例如，《卓越性评估：高等教育评估的理念与实践》和《完成大学学业：反思高校行动》涉及本科教学，对中国一流本科建设具有启发意义。

"高等教育理念与组织变革译丛"具有权威性、学术性、实践性的特点。该译丛展示了当代西方高等教育研究的新视野和新途径，它的出版将填补国内高等教育研究领域的某些空白点，为读者尤其是高等教育学、教育经济与管理等各专业的师生及研究人员提供高等教育研究的崭新知识体系，为中国高等教育领域的知识创新提供参照与借鉴；它所提供的新理论、新方法以及新的概念框架和思维方式，对中国高等教育决策者和管理者更新观念、开阔视野和增强理论素养具有重要的现实意义。我相信，"高等教育理念与组织变革译丛"的问世，必将有力地推动中国高等教育研究的知识基础建设，并对中国高等教育持续改进产生巨大的促进作用。

（中国人民大学教育学院教授、博士生导师，教育部"长江学者"特聘教授）

2022 年 6 月于北京

序言

很荣幸能在为纪念克拉克·克尔（Clark Kerr）而举办的一年两次的系列讲座中第一个发言。克拉克·克尔是加州大学值得纪念的校长，他最初担任加州大学伯克利分校校长（1952—1958年），随后担任加州大学校长（1958—1967年）。在此期间，他是加州大学的中心人物，虽然这所大学存在激烈的冲突，但其学术成就日渐卓著。一个不友善且蒙昧无知的观察者可能会将他的校长任期概括为：早期处于宣誓争议的余波中，后期受到"言论自由运动"的波及。事实上，尽管存在争议（其中一些由外部因素导致），但他从未忽视过大局。对于未来的发展机遇，他倾心投入，这也是促使伯克利分校和加州大学不断壮大的关键因素。

这位有见识的贵格会教徒在任期内曾多次同时遭到政治左翼和右翼的强烈谴责，这是具有讽刺意味的事情。但他一定做过一些正确的事！为维护他认为正确的事情，他绝对有勇气去冒犯那些权威人士，这不仅仅与他的信仰有关，还是为了他所效力的大学的长远利益。仅凭1960年通过的《加州高等教育规划》，就足以说明他是美国高等教育领域的革新者，而他在加州大学任职期间和之后所做的贡献远超于此。在我看来，将克拉克·克尔校长视为创新者、长久的灵感源泉和卓越大学的建设者是毋庸置疑的。虽然针对他存在许多争议，有的是关于他在校园里谈论过于危险的政治观点，有的是关于他能否因为不同看法而与州立法人员和大学评议员抗争，并为学术价值做充分辩护，但是他从未忽视大学的长期目标和愿景。不仅如此，他还有着道义上的勇气、十足的幽默感和谦逊的品格，为实现这些目标做出思密周全的妥协，并原谅了许多不如他有见地的批评者。克拉克·克尔认识到，人的价值和学术价值可能相互矛盾，我们必须始终正视生活中道德的复杂性。

与自由社会里所有伟大的教育家一样，克拉克·克尔认为未来承载着更大机遇，因此，伦理在未来也承载着重大意义。作为一个领袖，他不仅为捍卫一所大学冒险，而且为这所大学未来的发展冒险。他的经历提醒我们所有人捍卫学术独立的必要性。作为领袖需要做很多努力，甚至包括人们预计会暂时失败的努力。

迈克尔·沃尔泽（Michael Walzer，1994）指出，我们特殊的自由政治体制经过多次复杂且富有争议的社会和政治协商，历经许久精心发展而成。克拉克·克尔认为，在此过程中，大学的责任之一不仅是参与，而且是确保阐释和促进高等教育的愿景成为更广泛的国家话语的一部分。

克拉克·克尔通过他的经历提醒我们，我们的国家话语不仅应该经过深思熟虑，还应包括知识学科以及既相互维系又相互限制的两方面：知识和伦理想象。不仅如此，他还足够谦逊，认识到持有不同观点的人不一定是敌人，而是共同道德团体中的一分子，这个团体正在寻找使这个世界变得更好的方式。

同时，我想简要谈谈克拉克·克尔关于各种类型的大学、学院、社区大学和研究型大学之间关系的看法，因为这些学校共同构成了美国高等教育。克拉克·克尔校长有很好的判断力，尊重每一所学校、每一个人所做的特殊贡献；他有着过人的智慧，认识到建设一个满足国家、教育、学术领域以及所有范围内高中毕业生和大学毕业生多方面需求的多样化体系是十分有益的。这一独特的视角，使得加州高等教育部门在20世纪后半叶建立起特色体系并表现卓越成为可能。我相信，加州以外的区域若能实施克拉克·克尔在这方面的政策，将会大有裨益。

从克拉克·克尔的言行来看，我认为克拉克·克尔校长跟我一样，认为当代美国大学的性质与我们特有的自由民主体制紧密关联，并被其塑造，尤其是我们的机会平等、不满现状，以及为创造一个更好的世界而自由地寻找指引我们思想和行为的更好的体系和制度的意愿。他那理性和逻辑的声音，充满信服力和热情的声音，激励着我和许多其他人保持理智和道德判断去做更好的事情。

由此，我加入了一个"虚拟团体"，团体里的许多人依然为他担任加州大学校长的任职经历着迷，体谅他犯的错误，并钦佩他为学术和教育领域以及我们国家所做的诸多贡献。在2003年的系列讲座中，要公正地评价克拉克·克尔的影响是不太可能的，但我很高兴通过这次演讲能与他的名字以及他对高等教育和社会的广泛兴趣联系在一起。随着时间的推移，我希望"克拉克·克尔高等教育系列讲座"不仅能使我们铭记克拉克·克尔校长为高等教育及其所服务的社会所做的卓越贡献，还能加深我们对高等教育和社会之间关系的理解。

所有社会机构与其所构成的社会之间是相互共生的关系。这一论断使我们认识到每个机构都发挥着各自的作用，承担着各自的责任，而且每个机构都从中正当获利，当然，这种利益反映出社会赋予教育机构的文化贡献价值。然而，社会及其众多社会机构和文化规范始终处于建设中。每个机构既适应其环境，又改变其环境。就像特定生物物种中的个体成员一样，特定部门内的特定机构在资产配置、所处环境和向新方向扩展的能力上存在很大差异。因此，在美国高等教育领域，各种类型的学院和大学正在参与建设我们共同的未来。当然，社会容纳这种体系和形式的多样性是有限度的。在大多数时候，特定价值观以这种或那种方式反映在大多数教育机构不断发展的体系和项目中。然而，在任何时候，某种机构要么在发挥核心的、极有价值的作用，要么徘徊在事物边缘，在很大程度上被推动社会前进的力量所忽视。

虽然韦仕敦大学常常被视作为数不多的始于中世纪的院校，但它的形式、影响、社会作用和既得利益发生了巨大变化，以至于当代研究型大学与中世纪的院校，或同更早期的伊斯兰高校之间没有多少相似之处。从当前的情形看，大学在为所有先进社会提供其所需的关键要素上发挥了核心作用，因而很难让人回想起从12世纪到现在的大多数时间里，大学是一个相当边缘化的机构。的确，当你回顾中世以来高等教育机构的悠久历史时，你无法忽视大学在许多时期的衰落境况和学术上的惨淡。然而，在其他时期，大学是基于学习和学术的智力发展的摇篮，大学和社会的关系变得更加密切，因而大学与社会相互关联的本质也发生了根本性的转变。这个时期，大学的地位、大学教育和学术活动的本质受到批判性审视，成为大学在社会上生存和发展的关键时期。与此同时，其将当代大学与中世纪大学之间的距离拉远，使今天的研究型大学和其12世纪的鼻祖之间关系疏离。我们对中世纪大学的长久偏爱，部分是象征性的，部分是因为怀旧。对我们而言，它代表着走向繁荣和复兴的学术发展，代表着新的开放性，代表着共同的语言（拉丁语）和宗教（天主教），以及我们始终敬仰且时而渴望的独立性。

世界各地变化的速度如此之快，使所有机构都面临着变革和适应的压力。在这样的环境中，明确指引大学团体奋斗方向的价值观和使命感变得比以往更加重要。否则，我们将要么被毒害学术和知识领域的价值观和承诺淹没，要么被这个时代泛滥的物质主义和私人市场的激励体系所困。在这方面，我认为大学最好认识到，在作用于教育与学术事业时市场激励机制的优点和局限性。尽管在大多数情况下，市场是调动资源、高效生产、分销商品和服务最有效的手段，但在处理对高等教育极为重要的社会问题和经济公平问题上，或是在调配资源做长期风险投资时，因其结果是投机的，而且不能被操纵或私有化，市场并不总是有效的。市场并不是我们实现人类繁荣复兴的唯一社会机制。

接下来讲座的主题，是当代大学与社会之间关系的本质。虽然其中一个讲座会涉及历史问题，但主要焦点是，在社会环境、目标和愿景发生变化的情况下，在美国大学考虑承担新的任务、担负新的社会角色以及时常思考重组大学机构时，我们所面临的当代问题和挑战。

在本书的第一章，我概述了自己对大学与社会之间动态关系的看法，我尤为关注大学的主要成果（即教育和新知识的发展），以及许多人认为处于大学生活边缘的校际体育活动日益商业化所带来的挑战。在第二章中，我论述的问题是为什么殖民地学院或内战前的大学会延续许久，我试着去理解在大学最终转型时涉及的内战后的偶然事件，这些事件构成了当代大学鲜明的美国特色。在第三章中，我论述了人文教育不断演变的性质和作用、人文教育与自由民主的关系、文理院系与职业学校之间的关系，最后，还谈到大学对道德教育负有的长期责任。在第四章中，我围绕着大学在科学事业中的作用以及其中的伦理、道德和文化影响等一系列问题展开阐述。

当然，在未来的几十年里，美国高等教育还面临着许多其他重要的挑战，但我在讲座中不会提及。其中，包括正在进行的信息技术革命，它有可能横扫一切，它会给大学教学和科研项目的很多方面带来重要影响。我还注意到了一个巨大挑战，即大学是否有能力继续构建符合社会需要的、有竞争力的课程体系，同时站在社会的角度履行其社会批判家的义务。它因成本问题引起了公众的注意。然而，我认为，由于社会是投资方，成本考虑的是大学是否带来了足够多的社会红利。另一个阐明这一问题的角度，是探究大学是否正有效地规划合理的项目。在这一点上，有一个关于当前医疗成本争议的贴切比方。我一直认为，困扰人们的不是医疗成本的高低，而是他们是否觉得自己的钱花得值，或者在医疗服务的分配中是否存在尚未解决的社会公平问题。同样的担忧，也引发了关于高等教育成本的争论。

在系列讲座中，我会多次谈到学术界面临的伦理挑战，思考自由社会核心的政治和文化义务，因为在我们审视和寄期望于大学时，这些因素发挥着重要作用。我尤其希望，对这些问题的研究将有助于我们了解研究型大学作为一个公共信托场所，或作为一个有着公共目的的机构的性质，从而认识到其社会责任不断变化的本质。我之所以选择关注这些问题，是因为我相信研究型大学的未来取决于大学各级领导所传递的价值观和目标的性质，最重要的是，这取决于我们是谁以及我们想成为什么样的人。比如，取决于理解下面几点：① 即使拥有额外的资源，我们作为大学不会允许自己做什么；② 我们将如何使用或不使用额外资源；③ 只有在获得额外的资源时我们才会做的事情是什么。简而言之，这取决于拥有被广泛理解、在社会上有信服力的使命感。如果缺乏这样的眼界或使命感，缺乏事先的付出，无论好坏，大学都将被我们社会中更为强劲的物质力量，被狭隘的自我实现所支配的个人需求，或既没有意愿也没有兴趣去丰富学术界和教育界的智力和教育观念的力量或机构所侵占。即使是孩子也知道满足物质欲望虽然重要，但不足以实现他们的人性。光靠积累资源、知识和智慧是不够的，我们必须在如何利用不断发展的文化遗产上提出令人信服的观点。为了避免失望，我们必须知道什么会让我们失望！只有带着这样的见解，我们才能做好为所信仰的事业而奋战的准备，即使当中的一些战斗会失败。只有到那时，我们才会做好行动的准备，因为为我们的信念冒险对生存至关重要。

目录

第一章　大学与社会　/　001

第二章　内战前大学的转型：
　　　　从正确思考到人文教育　/　033

第三章　人文教育、自由民主和大学之魂　/　071

第四章　科学进步中的伦理层面　/　099

主要参考文献　/　134

译后记　/　150

第一章　大学与社会

我们能够也必须助力创建一个更好的世界，然而对于未来而言，机遇与风险并存。

将"研究型大学的使命：高等教育与社会"作为本书的标题，我是想要表达这样一个观念：与其他社会机构甚至个人一样，大学不应只为一己之私利服务。本卷的卷首语，拉丁短语"non nobis solum"（不仅为我们自己）也反映了这个思想。遗憾的是，尽管人们一般会认可这个观点，但在处理日常琐事时，却往往将其忽视。有鉴于此，偶尔停下脚步，调整风帆，更正航线，就变得更加重要。

一、公立大学与私立大学

所有高等教育机构，公立的和私立的，营利的和非营利的，从州立大学到研究型大学，到社区大学，再到各类型的技术和职业学校，都有服务公众的使命。这些机构在质量、目的和理想上都有所不同，它们各自都扮演着不同的重要角色。由此而来的美国高等教育机构的多样性，不仅与在校学生成绩和理想的广泛性相匹配，而且是美国高等教育实力和活力的主要来源。为美国民众提供机会，让其通过不同的途径，在人生不同阶段实现受教育的愿望，是美国高等教育的重要特征。认为所有年轻人会同步发展，将18岁的同辈人划分到他们各自所属的教育系统的想法，有悖于人们对于个人发展和幼年经历的认知。美国高等教育系统为所谓的精英培养提供了非常多的切入点：如果在中学学得不好，你可以从社区大学开始；如果在社区大学表现得足够好，你可以转到名校；如果在名校学得足够好，你可以参加杰出研究生或职业项目。这些机构之间，有良性的人才流动和思想交流。因此，保持高等教育各层次的实力和质量，有助于系统各环节优势的发挥。在我看来，这些机构丢掉各自的特色（如都来模仿所谓的精英机构）从而变得"千校一貌"是错误的。尽管这种趋势可以理解，但我相信对将其作为各州和联邦的公共政策的做法应该加以抵制。

事实上，鉴于我们的社会、文化、经济和政治环境日益全球化，美国高等教育的质量不仅要靠自身多样性的延续，同样也依赖于用自己独特的方式进行管理的国外高等教育机构的实力和活力。美国大学的发展仍然受益于国外的人才和思想的流动，并日益依赖于此，正如国外的人才和思想也日渐依赖我们一样。只有国外大学繁荣发展，才能保证美国高等教育的健康与活力。

接下来，我将主要围绕美国研究型大学展开讨论，此议题属于高等教育领域，也是我投入了整个学术生涯并进行过最深入思考的领域。但在这个部分，我不会将私立大学和公立大学区分开来，它们巨大的区别并不是我所谈论的议题的核心。我认为，公立和私立研究型大学虽然有巨大的差异，但也有相当多的共同之处，最重要的是，它们都是教育和学术团体。它们彼此之间也互相依存，在它们之间，教师、学生、思想以及学术资源的交流相当迅速和自由。一般来讲，师生哪怕是转校，也能很容易地适应新的环境，因为其本职工作并未受多大影响。尽管高级行政人员需要与一些不同的部门打交道，但许多部门是相同的，如学生、教师、校友和联邦政府。当然，主要的区别是私立大学的行政人员和公立大学受托管理者与州政府官员之间的特殊关系。

回顾往昔，我曾先后出任过密歇根大学校长和普林斯顿大学校长，我发现了公立大学和私立大学之间许多明显的区别，有规模大小的区别，有各自专业教育相关责任的不同，组织机构既有区别但也有相似之处。校长负责制和整体管理制有两个大家不太熟悉但同样重要和有趣的大不同。对于像密歇根大学这样的一流学校的校长而言，需要不断地说服本州的政治团体（如州议员和州长、工会、重要企业等），让其相信，其利益和大学的利益至少在某种程度上是一致的，其应该承认并支持大学拥有自己的合法权益，因为这些权益也服务于本州民众。因此，大学要做什么？是什么？应该为谁服务？这些问题一直都处在商议之中。

在普林斯顿大学，类似这类动员大学支持者的任务有些不同。总体来说，普林斯顿大学目标一致。因此，董事会或大学内部会议更可能侧重于策略而并非目标的讨论。在大学管理方面，公立大学和私立大学至少存在两个有趣的差异。第一，密歇根大学的董事会是在全州范围内的党派选举中产生的，而普林斯顿大学的董事会要么由校友会选举产生，要么由董事自己选举产生。第二，密歇根大学董事会要召开公开会议。在这两种情况下，许多有奉献精神、深谋远虑的能人都可担任董事会的职务。但是，密歇根大学董事会的公开会议给人们提供了一个场所或平台，讨论与学校无关的公共热点问题及其原因，结果让大家对大学事务及重点更加困惑。具有讽刺意味的是，只要密歇根大学董事会对校长有一定程度的信任，他们就更可能将权限委托给校长，从而避免提交公开会议讨论。

校长和董事会之间的信任是发挥每所美国大学潜力的关键因素。这种信任的建立和维持是校长的责任，也是教育机构的基本职能。在这方面，要认识到尽管所有事项的最终决定权属于董事会，但他们有责任明智地行使这一权力。可能确实是董事会在掌控学校，但他们掌控的是一个为公共目的服务的机构。校长们也必须审慎行事，但只要他们认为董事会的行动对大学所倡导的价值会构成严重威胁，他们就应该公开表明态度。

最后，我要提到公立及私立大学的两个最为重要的共同特征：它们都为社会服务，也是社会忠实的公仆和深谋远虑的批判者。因此，现代研究型大学除了必须制定高标准的教学和其他方面的项目服务社会，还须提出社会不愿提及的质疑，催生出开创未来的新想法，有时甚至是推动着社会向未来迈进。从这一点来说，现代研究型大学是典型的自由教育机构，始终致力于为我们个人和社会生活的多个层面寻找更好的出路。无论公立还是私立大学，这两种角色决定了大学公信力的本质。事实上，许多公立大学正通过吸纳联邦资源、私人捐款和学费收入取代州级补贴，迅速地将它们的项目私营化。这一做法尤其多见于法律和商务等职业教育领域，它进一步缩小了公立与私立研究型大学的差异。在20世纪80年代早期的密歇根大学，尽管我们很少提到私营化，但为应对财政危机运用了这一策略。当然，这不是我们的最优选择，而是在更广泛的总体方案中为保证教育质量而采用的一种应对方式。

尽管公立和私立研究型大学通过不同的方式履行不同的责任，但它们的中心责任一致，如公众信任。公众信任以不同的形式推动着研究型大学不断发展。如1833年，哈佛大学校长约西亚·昆西（Josiah Quincy）在一则向马萨诸塞州立法机关提出的申诉中，强调哈佛大学图书馆资产的公共角色，参议院委员做出相应回应，将哈佛大学作为公共利益的受托人。公众信任的特点和形成会随时间而发生变化。公众信任的形成主要受政策、文化传统和政治传统，以及包括学院和大学在内的自由民主制度下的法律框架的影响。因此，当我们在思考研究型大学的优先权时，不仅要关注其从学术独立、教学自治权到特殊税收地位的特权，还要关注其社会责任。像普林斯顿大学这样的私立院校，并不是为其成员提供既得利益或预期利益的私人社交会所。私立大学的重大决定需将公共利益考虑在内，以普林斯顿大学为例，需要始终明白所有资产都是服务公众的。应该将多少分配给现有教师和学生团体使用，应该将多少加以保护以考虑将来后代的发展，这些问题的答案在很大程度上取决于这项决定将如何帮助大学履行其社会责任，比如可能取决于大学当前对社会各经济阶层中的青年才俊的开放程度。

更重要的是，所有的研究型大学，无论公立或私立，必须经常对它们当前的政策和项目为谁服务进行重新评估。各方利益不可能同时兼顾。比如，在普林斯顿大学，我们在资助和招生上的重要革新基于对原先状况的评估。我们认为，为了更好地实现公共目标，应大幅增加学生资助项目，用拨款取代贷款，同时让海外学生享受到全额资助项目，并通过小幅扩大本科生招生人数提供额外的机会。20世纪80年代早期，在密歇根大学遭遇财政困难期间，我们认识到实现公共目标的最好方式是极力保持项目的质量，即使这要以减少项目数量为代价。不管这个判断的对错，我们当时就是在它指导下应对挑战的。其他院校各有其不同的传统、资源和理想，在遇到相同或不同的挑战时，也许会做出完全不同的决定以获取公众信任。因此，和普林斯顿大学的资助基于需求发放的做法不同，许多公立和私立研究型大学认为设立优等生奖学金对于履行公共责任是至关重要的（这一点的确合宜）。

二、大学与社会的动态关联

鉴于在过去的一千年里社会关于其自身的认识发生了多次转变，那么，在同时期西方高等教育也多次自我转变，并改变与社会的关系就毫不奇怪了。教育危机往往发端于社会危机，这些危机引起对知识、文化以及和社会相关的很多核心观念的质疑。危机激发有意义的教育大讨论，推动像大学这样的教育机构的变革。我说的有意义的大讨论，指的是带来重要课程革新的大讨论。大部分时候，冗长甚至激烈的辩论在学生的学习过程中并没有留下什么痕迹。我们经常忘记，最重要的不是我们关于教什么的高见，而是学生学到了什么，他们关心的是什么，以及他们变成了什么样的人。

在一个快速变化的世界，面对领导能力与适应能力的长期挑战，大学的社会职责、构型以及课程几乎永远处于变动之中。比如，大学未来所担任的角色将部分地取决于我们不断发展的民主政治将具备的特殊形态。民主将如何发展，是致力于个人选择和开放参与，还是直接提供某种经济或社会福利？或者，我们的政治会着力去寻找集体和个人利益之间的平衡点吗？或者，我们的政府发展政策会重视全球化正在给我们带来的道德的、社会的、经济的和政治的新问题吗？显然，在一个广泛自由的民主政体中，很多焦点和焦点的组合都是可能的。另外，关于科学进步将带来人类生活某些方面（比如伦理和政治组织）的进步的观念，还需要进一步考察。虽然我承认这种可能性是存在的，但是在文中我不讨论下面更大的难题，即与现代资本主义和现代技术相结合的自由民主，最终让国家失去灵魂而堕落成专制国家中的暴政的情况。关键是公共政策和一些重要事件对大学有影响。在文章中我假设自由政治不仅会存在下去，而且不管其如何发展，我们特别的自由政治会继续对美国高等教育的关键方面施加决定性的影响。更不用说，高等教育变革的动力可能还有因学术和教育前沿的发展而带来的内部力量。

在当今时代，大学教育对一个像样的市民身份几乎是必需的。大学是最重要的供应商，为社会提供了它高度依赖的产品和服务，如高级培训、各种技术和新思想。但是，我们所了解的大学保持这种中心地位的能力是不确定的，它取决于大学的适应能力、领导能力以及其他关键文化和政治思想及实体的发展特征。困难就在于改变和适应不可避免地会带来人的焦虑、失落和分歧。实质的改变不仅会产生成功者和失败者，而且会带来大学价值观和责任的重构。校内和校外总有支持者认为现存的配置是最优的，所以即使考虑周全的改变也会带来争议。变革总是要求大学内部的领导层（不管是院系层、学院层，还是学校层）拿出勇气，承担责任。同时，在选择新的道路时，失误是难免的，领导必须既有冒险的勇气，又具备出错时识别错误的智慧。在高等教育中做出正确的选择，犹如试图分辨先锋艺术中的哪些部分仅仅是略微不同和过渡性的，哪些部分代表着我们的文化遗产更加持久的进步。

我心情复杂地回忆起两个改革,一个在普林斯顿大学,另一个在密歇根大学。在20世纪70年代末期和80年代早期,因为密歇根州制造业的衰退(在第二次能源危机之后),密歇根州和密歇根大学面临着严重的财政危机。在密歇根大学,我们提出一个应对当时形势的策略,它可以大致概括为"小而精"模式。当时的想法是,在当时的外部环境下,我们能够继续提高课程质量的唯一办法是开设更少的课程,这就需要放弃对一些完好、有益的活动的支持,增加对另外一些活动的投入。虽然总的方针在原则上是人们普遍接受的,但是贯彻起来非常困难,因为团队中几乎没有人想到他们个人可能会受到影响。在做出具体决定的时候,受到不利影响的人极力反对,而政策的受益方也支持甚少。当然,最后这个办法被大多数人赞赏,但是从个人方面来讲,各级管理者如果听任课程平均质量慢慢滑坡却要容易得多。

在普林斯顿大学,自20世纪90年代初我就想到,为了保持本科教学质量,我们应该增加国外本科生的人数。理由如下:全球化日益加剧,而且很多普林斯顿大学的学生毕业后初次工作经历是在国外。我们认为,增加留学生的数目将增强所有本科生的教育经验。为了达到这个目的,我们选择的方法是继续坚持我们严苛的招生程序,但是对国际学生全面放开我们的资助政策。哈佛大学多年来就是这样做的。这个观点,立即得到我们的教职工和学生的支持。因为我们要发起资金募集活动,所以我必须周游全国向校友解释这个观点。校友的反应主要有两种:有人认为这个改革是不言而喻的,早该这样改革,并主动提出为促进这个目标的实现而提供新的捐赠;也有其他人激愤地起来争辩,认为很多优秀的美国学生可能因此失去机会,或者我们按需求评定的资助项目将无法保证得到可靠的经济支持。争论很快两极分化。所以,我们决定分步实现我们的目标,看看结果怎么样。最后,我们的校友普遍接受了这个项目,却是在各种大量的严厉指责烟消云散之后。

理想状态下的当代美国研究型大学,是比殖民地学院更大胆的构想。大学是保存、重新评价并且传播学问、知识、技能和传统的地方;在大学里诞生了新思想、学者和教师,各种兴趣和文化愿景相互碰撞和交流。从更广的历史视角来看,大学是这样一个场所,在这里我们为未来塑造文化传统,我们的过去的成就、希望和兴趣,在这里遇见它们的现代对应物,并与之互动。所以,可以这样理解,当代研究型大学就真正重要的话题一直沟通着过去和未来。

通俗来讲,大学的三个主要任务是知识的保存、传播和发展。但是,这些任务以及对它们的解释一直处于变化之中。有时候大学的社会职责是充当现状的堡垒,保护现时当权者的利益和价值。例如,中世纪大学在经过了相对短暂的独立之后,很快就变成教会和统治精英利益的俘虏,即便总有一些高尚的人在学术问题上为进行独立的逻辑分析而抗争。大学的课程、态度和义务完全反映了它屈从的地位。从某种程度上来说,美国殖民地学院也是这样。

然而在其他时候,作为一股推动变革的力量,大学一直在社会的批判性自我反省中发挥着重要作用,致力于改变资源和权力的分配。在这些时刻,大学变成了一个真正自由和灵活的机构。例如,21世纪上半叶的某些德国大学就是这样,二战后的美国研究型大学更是如此。

回顾过去,殖民地学院、早期的政府赠地大学以及新建的私立大学,如约翰·霍普金斯大学、斯坦福大学、芝加哥大学和加州理工学院,在19世纪后期以惊人的速度发展,为社会提供了更加广泛的服务。这些大学扩充本科教育内涵,重定本科教育意义,还迅速采取行动,开拓了大量先进的专业教育领域,这些专业在不到半个世纪后成为国家研发企业的关键组成部分,这些发展都不是预先注定的。事实上，美国内战前夕的高等教育似乎不太可能成为这些发展的基础。如果不是学校的强有力领导，科罗拉多大学就只能听其自然了，而不太可能做出如此敏捷而紧迫的反应。

在可预见的未来，现有的高等院校将面临这样的挑战：维持社会最重要的价值观，表现出足够的适应能力，以扮演新的或改进后的角色，并发挥足够的领导作用，帮助社会塑造或补充新的文化传统和扩展其他功能。尽管这一系列的责任对教师、管理人员和受托人来说是一个重大挑战，但是高等院校的持续性社会作用也非常关键。如果大学的这种领导能力不足，为了更好地应对和满足社会不断变化的需要，这个重要的社会性机构将再一次全部或部分由其他机构取代。目前，美国研究型大学是否有这样的意愿和勇气对我们即将面临的变化做出深思熟虑的反应？在大学内部，保护现状的力量总是强大的，并准备好了一系列理由来解释为什么改变风险太大。越是优秀的大学，循规蹈矩的力量越强大。然而，在我们这样的社会里，持久的变革勇气才能适应日新月异的改变。

我们可以从任何历史时期特定的一系列高等教育机构及其项目中了解社会文化。通过了解大学的录取过程和录用名单，我们可以了解当时的社会认为谁应该接受最先进的教育。通过了解教育和学术成果，我们可以学习一些传统价值观的重要性，创新的重要性，知识和智慧最重要的来源，对特定认知能力的重视，最为推崇的美德，以及对社会本身所怀有的希望和抱负。

通常，在一个自由民主的社会中，不同的群体有不同的教育目标。不同的学科反映了我们多元化和快速变化的社会，但社会并不能广泛支持拥有各种偏好的群体。满足个人需求与履行社会义务之间的冲突是不可避免的。自由社会总是在保护个人自由和确保充分团结之间找到不稳定的平衡。即使是自由社会，也不可能实现所有权利，因为几乎每一项权利都可能侵犯到他人利益。因此，对高等教育机构课程设置和学术成果的具体形式一直存在争议，这些争议在我们这样的社会中最为激烈，这也不足为奇。我们的社会迅速变化，知识增长日新月异，高等教育几乎已成为获得个人发展机会的必要条件。

考虑到目前社会的发展速度和美国研究型大学复杂的当代使命，这些机构内部的某些持续性的矛盾是不可避免的，其中包括以下方面：

（1）现状及期望；

（2）大学作为教育者的角色（需要与社会保持密切联系和回应）和批评者的角色（需要与现状保持距离和怀疑）；

（3）专业化和一体化；

（4）对奖学金的需求，对教育的需求，以及对大学提供的其他服务的需求；

（5）对多样性和独立性的要求，同样的是对社会团结、反应能力和社区日益增长的要求。

任何一所大学的正确定位会因院校和地理位置的不同而变化，但总体来说还是灵活且充满争议的。在当代美国高等教育这样一个多元化的领域里，对公共目标的理念在不同机构必须做出不同的解读。然而，这些解读都不应被误解为旨在保护学生、教师和学者的一系列特殊权利，而不让其他公民享有相应权利。我们应当把大学社区所享有的特殊自由和特权，不论公私，都看作是使其能更有效和更公平地履行其职责。授予大学的知识和教育自主权以及赋予教授终身教职，并非古老的权利或仪式，而是大学更有效地追求其公共目标的手段。例如，终身教职可以避免让教师受到不当干涉，从而保证教师从事智力和教育活动的自由。相应地，教师有责任利用这一自由来批判性地重新审视我们当前在其专业领域的信仰和义务。在我看来，未能履行这一责任，比错误地批判终身职位为简单的工作保障，更加损害终身教职的自由。我们应该以相同方式来看待大学和教员的知识和教育自主权，这并不是一项必须捍卫的古老权利，而是服务于当前公共利益的。所以，大学及其教员的自治是如何服务并促进了高等教育的基本公民责任的？社会有令人信服的理由继续支持这些所谓的"特权"，但理由却不被大众所知。

此外，随着世界形势不断变化，许多人认为大学的公共职能或公共目的已经跨越了国界。大学已经越来越国际化，尤其是在学生群体、教师和研究项目方面。然而，无论是好是坏，他们获得了来自国内的更多支持。大学有责任发挥必要的道德和智力作用，使当地支持者相信，这种转变符合所有人的利益需求。事实上，我相信美国研究型大学与国外研究型大学之间日益密切的相互依存关系，为其他美国机构在一个新兴世界环境中提供了一个有益的模式。

当我联想到美国大学的未来时，我十分确信：随着新科技的进步，人类生存现状想法的改变，人生意义的改观，对世界其他地区所担负的责任和关系观点的改变，以及大众对于新知识应用和技术培训的重要性的认识，大学至少会有部分功能和职责将再次变化。历史表明，高等教育的各个方面最终都会受到社会变革的影响。美国高等教育的制度历史从根本上反映了对政体与教育机构之间关系进行持续研究的必要性。与许多著名的欧洲大学不同，美国最早的大学不是由独立的教师和学生团体或皇家倡议建立的，而是由私人和公共团体建立的，目的是为重要的公民意愿服务。这也许是美国人对高等教育社会结构做出的第一个独特的贡献。

我认为，无论未来发生什么变化，美国研究型大学必须保留的一个关键特征是：它既是社会的公仆，又是社会的评判者。因此，这些大学必须继续研究社会认为重要的议题，同时提出那些社会不想面对的问题。在某种程度上，大学只能通过破坏现有秩序来履行自己的职责。鉴于研究型大学的理念都存在争议，其很可能将继续处于一种无法解决的焦虑状态中。在继续研究那些社会所支持的议题的同时，大学也需自我创新教育方式，不能随意按照老一代形象来塑造年轻一代。坚持这一观点的内在信念是：未来承载着人类新的可能。

三、维持我们的特殊角色：来自新伙伴、新赞助者、新安排和商业化的挑战

许多大学现在面临的一个更严重的问题是，私立营利性机构在教育和学术领域的影响力越来越大。近年来，这种影响特别来源于大学在工程、生物医学研究以及教学等领域合作越来越多的合资企业。20世纪90年代，资本市场的制度发展和投机环境也促进了联盟，使早期的设想能很迅速地转化为现金。最后，还有一个关于大规模大学校际田径运动的警示故事，它已成为美国商业娱乐业务的一个组成部分。的确，在某些高等教育领域，我们正经历着教育和学术的不断商业化。

这种发展有许多相互关联的原因。在某种程度上，这是营利性高校发展的结果，正是这些高校发现了不需要直接补贴的教育领域，尽管它们的学生往往依赖联邦和州财政的援助。这在一定程度上是科学前沿和金融市场发展的结果，这些发展正在改变营利性和非营利性研究企业之间的力量平衡。例如，在过去20年里，工业企业对国家研发的资助从不足一半增长到超过2/3。在大学内部，企业资助的研究项目数在同一时期几乎翻了一番。这种增长，部分是明确的公共政策的成果，旨在消除学术和工业研究之间的障碍，另一部分是知识产权日益商品化的结果。1995—2000年，企业用于研究和发展的开支几乎增长了3倍，而大学用于研究和发展的开支只增长了1/3！这种商业化正在为科学界成员之间自由开放的交流创造新的机会和障碍。关于科技创新的所有权，是学科问题还是社会效用问题，

仍然存在着重大分歧。它是属于整个社会还是属于个人，这个问题的解决在一定程度上取决于以版权或专利形式出现的新思想的私人所有权是否被定义为一种暂时的或永久的特权。最后，营利性企业的大量存在来源于学院教员和管理人员的不断追求，但他们相互回避，也不与其他大学的同事合作，以增加可供他们使用的资源。

对于任何一所独立经营的大学来说，确定预期成本和效益是一件相对直接的事情，然而，这样的计算忽略了高等教育的整体成本。此外，评估单个大学独自与私人企业合作的收益要比评估研究型大学群整体的长期成本要容易些，因为它主要是内部的、短期的。在我们这样一个高度分权的高等教育体系中，情况尤其如此。因此，总体来说，对学术界履行教育和学术责任的能力至关重要的集体利益可能会受到损害或丧失。在原则上，大学和营利性企业的合作是没有错的。的确，这种合作可能会带来实质的社会利益。然而，不论这些活动带来的收益多么诱人，我们都必须审视它们，因为尽管短期成本是最小的，但是潜在的长期成本很容易被忽视。

无论是好是坏，营利性实体在教育和研究领域的增多，已经改变了这个领域的激励结构。直到最近，这个领域的大学还享有各种类似垄断的地位。当然，新项目总是有各种各样的来源，也总存在于各种各样的高级培训场所。然而，这些新项目所带来的问题，已经不仅仅是有关合资企业中各合伙人之间成本和利益的公平分配的自然争议了。营利性机构和非营利性机构在不同的项目下成立是有原因的：要么是因为机构本身不同的社会角色，要么是因为人们认为私人市场的激励机制不适合某些实体的公共目的。简单地说，并不是我们社会中的所有活动和关系都适合商业领域。我特别关注这些合资企业对扮演提供独立知识来源者和社会批判者角色的大学所产生的影响。例如，在生物医学领域，很难找到公正无私的研究人员来评估新研究。简而言之，将大学的利益和优先事项与营利性企业的利益和优先事项结合起来，可能并不总是对社会有利。市场可以使产出最大化，并提供无法比拟的效率，它们可能有助于保护私有财产的天赋权利和不受胁迫的自由，但它们不能提供重要的公共产品，而且实际上可能产生道德上不可接受的结果。

与此同时，我们不妨提醒自己，在20世纪50年代初，大学圈子里的许多人担心，他们越来越依赖联邦政府（尤其是在研究领域），是否会威胁到大学和教职员工的知识和教育独立性。合资企业现已有数十年历史，大多数观察家认为这对双方都是有利的。也许大学的独立性在某种程度上受到了竞争的、开放的同行评议制度的保护，在这种制度下，美国的研究经费由联邦资助。一些对这一制度持批评态度的人坚持认为，那些已经处于联邦资助系统的人在为当前这一代"成熟"调查人员和机构的利益制定规则。这是有一定道理的，但它也为国家提供了更大的保证，即政府资源得到充分利用，大学的独立性至少得到了某种程度的保护。

四、生物医学研究

首先，让我们思考在生物医学研究领域中，以营利为目的的个人活动日益增长带来的影响。随着21世纪的开始，生物医学科学的性质和背景都发生了巨大的变化。在一定程度上，生物医学科学的本质正在被科学前沿的迫切需要所改变。此外，资助或培养整个企业的机构变化，正在重塑生物医学科学的背景。生物医学科学家所面临的机会和激励，有可能改变身处学术圈、产业圈和政府部门的生物医学研究人员的关系，以及研究人员和培养他们的机构之间的关系。

在科学前沿，许多边缘性工作现在需要更昂贵的仪器和高度专业化的设施，高产量的技术和大型跨学科团队的集合。例如，序列数据库的可用性，正在革新研究生物分子结构和功能的方式。大型数据库、生物知识库和社会化软件工具，已成为科研人员必不可少的资源。因此，生物计算和生物信息学基础设施，已成为处理大量数据和生物过程建模不可缺少的工具。

从这几个例子可以清楚地看出，生物医学前沿科学发展本质上需要新的研究方法和制度调整。大学、学术健康中心、制药公司、政府实验室和机构、政府资助人和非营利性的研究型组织作为主要参与者，应当对生物医学企业负不同责任。例如，产业圈应该负责涉及使用高产量技术的项目吗？也许当前单一的生物医学学科组织不再适合于这个时代了。我有些赞同这种观点，即跨越科学前沿的发展需要重新定位科学教育。如今，越来越多的科学家需要了解生物学、数学、计算机以及物理科学。此外，生物学研究工作现在需要与社会科学甚至哲学开展实质性合作。毕竟，当代遗传学的发展可能不仅会改变我们对人类身份、人类平等和人类自由概念的理解，而且会促使我们反思社会组织的标准和规范。所有这些议题当然需要科学知识来加强了解，但也必须从人类研究的其他学科领域获取信息。

一些人声称，营利性公司对美国学术健康中心研究资助迅速增加，可能会破坏教师在生物医学科学方面的学术自由。一些人认为，大学教师的研究方向已被纯粹的商业思维所主导，取代了知识价值和公共利益的位置。关于公共利益究竟是取决于市场规律所决定的研究方向，还是取决于独立的教授会的学术优先议题，这个问题有待研究。我相信，一种兼顾两者的混合策略会带来社会效益。但大学教师对于所在机构和同事的学术利益的保护程度使我震惊，几乎所有的教员都和营利性机构保持着联系，接收其研究资金，或担任其新产品的开发顾问。此外，1980年出台的《拜社法案》，允许大学接受类似美国国立卫生研究院的政府资助来进行专利发明，这使得大学和部分教师同商业领域关系密切，同时也改变了产学关系的内涵和程度。尽管这些因素的影响可能被夸大,但很明显,学术医学不再像过去那样具有自主性。学术界与营利性企业的关系现在已经远远超出了单个科学研究者的范围,包括了一大批重要的大学决策者,其中有校长和受托人。然而,鲜有规章制度或者完善的司法先例,对机构及其领导难以避免的经济利益冲突进行恰当监督。

现在的问题是:总的来说,这些变化到底是好事还是坏事?从一个角度看,这种合作的增加是一件好事,因为它更充分地整合了国家的生物医学和其他资源,共同努力抗击疾病,改善人类状况。从另一个角度来看,它在学术机构内部造成了利益冲突的泛滥,在这种情况下,通过合作服务获得的是谁的利益就变得越来越模糊了。当然,新的联盟破坏了教师和大学独立的传统观念,破坏了教师充分参与知识共享的传统观念,破坏了大学教师作为公正的知识创造者和仲裁者的角色。它最终可能会损害大学独立和开放的声誉,最终降低公众对整个大学圈的信任。事实上,随着越来越多的科学家在学术界和产业界都扮演着重要角色,公众越来越担心专家意见中可能存在偏见,也越来越不确定应该向何处寻求真正公正的意见。

毫无疑问,在风险资本的支持下,越来越多的教师、大学和各种商业实体,特别是制药公司和生物技术企业结成联盟,加速了科学发现转化为实际应用的过程。其结果是,更多资金流向研究人员和大学,创造了可持续的、更加积极追求知识产权的激励机制。自然而然,这也刺激了许多老师和所在大学,想要尽可能通过参与生物医学领域来获得经济利益。更何况,学术卫生中心资助内部教员研究的经济能力正在下降。

所有这些导致的结果是,大学研究人员对现存和潜在的研究成果做过于乐观的宣传。另一个更重要的原因是,教员拒绝与同事分享资料,而将知识产权变现成为分享知识的主要手段。换句话说,生物医学领域正经历一场全面倒退，逐渐摒弃了知识共享的共识，然而这个共识几十年来定义了它自身和大学的角色。因为这一倒退已十分严重，为了重新开放科学文献，促进知识和其他科学资源共享，有许多科学家做出了大量学术方面的努力。例如，公共科学图书馆是最近成立的一个非营利组织，由科学家组成，他们出版自己的期刊，致力于向公众免费提供新的科学思想、方法、结果和结论。人们普遍认识到，科技行业的活力需要获得不断发展的知识。1992年，国际科学出版物获取网络应运而生，用来支持国与国之间的知识共享。然而，其他力量继续朝反方向逆行。例如，在公共政策领域，美国政府正在利用立法和贸易协定，进一步加强专利和版权保护。

总而言之，科技快速发展，以及当下一些传统的学术活动越来越快地变成商业机会，都给高等教育带来了更大的压力，可能损害了大学作为社会独立评论家和政策制定者的社会角色。鉴于当前科研实践的特点，区分个人和群体对知识产权的要求变得日益紧迫。

虽然知识产权相关问题在大学语境中仍有争议，我认为，最好把发展知识产权看作是大学内外许多成员的共同努力，以及大学本身的共同努力，因为大学通常在这个问题上投入了相当多的资源。我们常忘记，就连个人财产的概念，也有历史和文化上的偶然性，而且可能是，也可能不是公正的。我们对个人财产的概念，对私人物品的概念，对公共事务的概念，在文化上或经济上都不是中立的。总的来说，思想可以作为私有知识产权的概念，在历史上和社会上都是偶然的。就像个人财产一样，它可能是一个有生产力的社会概念，也可能是一个没有生产力的社会概念。如何判断在很大程度上取决于我们的目标。我个人的观点是，新知识的开发在很大程度上依赖于作为集体的社会企业，我们在分配个人产权时应该谨慎。无论如何，由于所有新构想都是共有的，因此仍然难以对各种财产要求确定相对的权重。然而，如果我们能够把注意力集中在学术界和整个社会的需要上，就应该有合理的解决办法。

我们应该明白，之所以会出现这些基本问题，是因为教师的教学和研究活动现在被认为对大学以外的利益具有重大的经济价值。这一价值观念不仅提出了可能收入的公平分配问题，而且也提出了大学和大学社区成员在教职工对学校忠诚方面的合法权益的问题。大学有法定义务保护社区的知识资本，使其不受企图利用整个社区的工作和资源的机构或个人的利用。

在早些时候，当收入流（如果有的话）是更具投机性或相对抽象的概念时，似乎没有必要担心这些问题。事实上，在人心更单纯的年代里，这些激励措施常常被认为有助于支持大学实现其整体使命。然而，今天没有任何财政激励措施可以诱使任何一方重新平衡现状。与此同时，在教职员工或行政部门中，推动重振大学最重要学术价值的领导者太少了。更让人难过的是，科学学术领域或将发生的事情已经在校际体育领域中屡屡发生，却鲜有人察觉。在这里，商业利益已占主导地位，没有人有任何经济动机来改变这种情况；同时，似乎很少有人对大学最具特色的社会功能所面临的日益累积的危险给予足够重视，并呼吁进行变革。我将在后面继续谈论这个问题。

五、教学

在教学领域也出现了类似的情况。计算机和信息技术的发展，正开始以重要的方式丰富校园教学，也提供了一种教师身处校园，可以有效开展远程教学的前景。在某种程度上，这种远程活动在外部组织的赞助下，可能出现一些棘手问题，比如知识产权的所有权、大学名称的使用、质量控制、利益冲突和责任，以及收入来源的分配。

美国的教师们已经积累了大量的材料和想法，为他们的课程提供了总体构思和内容。私人企业已经调动了所需的资金，通过新技术将资金转化为教学项目，并借助互联网进行传播，以便从无法在校学习的学生那里创造新的收入来源。这一改革在某些方面类似于美国唱片公司开辟的新领域。当时，一项新技术使其积累的唱片库转换成新的CD格式成为可能，并使之有利可图。类似的例子还有，教师编写的教科书为远程教学提供了一种新模式。长期以来，传统思想认为，教科书所涉及的知识产权完全属于负责的教师。尽管人们一直认为这一安排很好，但教科书中包含的知识产权至少在一定程度上是一种社会公共产品，包括来自同事和学生的许多贡献。

支持互联网的新技术，以及它为远程教学创造的新功能的出现，使许多人认为应重新审视有关知识产权所有权的传统。特定问题出现了：谁拥有积累的教学资本？现在是否已做好准备，转换成一种全新的形式？

通常，在这个问题中涉及两套大学政策：首先是一套涉及利益冲突和责任冲突的政策；其次是一套处理版权和专利的政策。大学的版权和专利政策并不是完全一致的，因为它们是由不同种类的"历史权利"造成的。我已经概述了有关教科书的政策。关于专利的政策有着完全不同的形式，因为历史上大学都声称拥有这种形式的知识产权。关于专利的产权要求依据是大学承担法人实体角色，从外部获得资金，尤其是在科学和工程研究领域作为赞助者和研究人员的受托人。因此，我们拥有两种截然不同的解决方案：就书籍和其他可实施版权保护的材料而言，教师个人拥有知识产权；而就专利而言，所有权假定归大学所有。考虑到这些显著不同的方法，再加上软件是否具有版权或专利的模糊性，很明显，大学关于版权和专利以及责任/利益冲突的政策，现在可能需要澄清、重新编写或修改。

例如，现有的限制教师在校外活动的政策，需要在远程或网络学习方面加以澄清。此外，这些政策是否适用于学年外的教学？我认为我们应该灵活地处理有关的问题。虽然我们可能还没完全了解这些问题，但我们不应在等待更充分的解答时陷于完全的被动。例如，我们不妨问问自己，在这些非传统的教师教学活动中，哪些只需要向院系领导报告，哪些需要大学与相关教师之间达成更正式的协议。同样，我们需要阐明如何将大学的版权和专利政策应用于远程教学，特别是当此类项目需要与教师和/或学生进行一些持续的互动时，以及如何更广泛地将其应用于课件。此外，如果我们要确定这些新活动支持而不是破坏大学的核心使命，我们可能需要扩展我们对教学的定义。

无论使用何种技术，大学教员在其他地方授课这一事实本身就可能削弱对大学校园课程的需求。也许这种责任冲突的关键分界线在于，是否需要教师的互动和反馈来推进教学。关于这些材料的版权，也许关键在于大学是否对该特定项目做出了具体的额外资源承诺。如果没有，版权的所有权仍然属于教员。在任何一种情况下，我们都应通过某种形式的正式协议或政策，来适当承认教学产品的共同性质。与此同时，大学应该记住，即便是宣告对图书等材料的部分所有权，也要比涉及新技术的版权主张困难得多。

总而言之，在版权材料领域，可以承认教职员工的所有权，而在专利领域，可以承认大学的所有权——除了某些特殊情况。这些情况包括：大量额外的大学资源已投入该项目；属于已使用的大学所特有的收藏；该大学的名称正被用于推广该产品的分销，或者已征求大学的批准（以任何形式使用该大学名称，可能都需要披露信息和获得许可）。对我来说，关键是找到一种方法来确定教师和大学之间的共同利益，维护彼此的利益。任何政策都应包括一个争端解决机制，教师代表应参与其中。

更令人困惑的问题是，目前美国国家专利法和版权法在文本、软件、算法和DNA分子等不同领域对知识产权的界定模糊不清。目前尚不清楚我们现有的专利制度能否成功地适应新开发的技术，区分新颖性、实用性和现实性，给发展中的服务业提供适当的激励措施，确保知识的传播，并与管理我们贸易伙伴的专利系统达到一定程度的协调。实验室和机构层面的创新速度之快，引发了人们严重的担忧。尽管专利的获取和保护成本更高，但人们比以往任何时候都更迫切地寻求和捍卫它。事实上，我们的传统专利制度对传统领域（如制造业和农业化学品）之外的影响存在很大的不确定性。此外，什么样的创新可能有资格获得专利保护，以及专利诉讼成本上升多少，都存在很大的不确定性。综上所述，这些成本和不健康因素可能阻碍创新和投资。事实上，关于专利制度对创新和整体经济的影响，经济学理论是矛盾的。尽管如此，我的主要观点是，尽管教师和所在大学已经得到了大量的资金补助，但为了争取在大学环境中获得最充分的经济利益，他们不惜引发许多利益冲突，使现有关系变得复杂。这是单个大学或大学群体会对其他机构产生重要影响的另一领域，迫切需要一些新的方法来处理这些新的问题。

六、校际体育

大规模的校际体育收入和支出的数额越来越大。然而，总的来说，在校际体育项目中，实际的输家要多于赢家。太多的大学校长和董事会高估了这些项目成功的可能性。此外，证据表明，即使是成功的项目，也无法提高大学吸引优秀学生的能力。收入和支出的增加主要源于大学商业化课程的增加。虽然大规模校际竞技运动近期成为一项重要的商业活动，但它多年来一直在学术界引起焦虑。

体育在高等教育中的合适角色取决于多种文化因素，这些因素不仅决定一个人如何看待体育，也决定一个人如何看待大学的角色和作用。因此，人们对体育在高等教育机构中的作用，看法各异。对一些人来说，体育运动充其量不过是另一种课外活动，与合唱团或学生报纸没什么不同。对他们来说，校际或校内体育项目是大学社区的适当组成部分，但几乎不值得投入资源，当然也不值得冒险让其融入国家商业娱乐活动。对另一些人来说，体育运动是一种表演艺术，与舞蹈、歌剧或音乐表演类似。它实际上对思想和身体有一定的学术价值，因此应该支持它。即体育与其他学术项目一样，应该以自身特色为目标，但不需要与国家的商业娱乐网络有任何联系。田径运动还可以被看作是职业运动员的专业训练。然而，在这种情况下，人们完全不清楚为什么它应成为高等教育的一部分。事实上，不需要将校际田径运动与商业娱乐业务联系起来，而且因为同时适应商业和学术兴趣一直是一种挑战，所以目前的结构是如何形成的仍然是个谜。我认为，原因在于大学对资源永无止境的需求，以及大学领导层希望人们看到大学积极参与了美国体育热潮。

  为什么一个主要致力于教育和学术的机构会在竞技体育方面投入了这么多精力？对许多人来说，导致这一结果的文化过程是一个谜。运动和身体健康从柏拉图学院①（位于体育馆旁边）开始就有联系。古希腊人认为，身体健康有助于发展敏锐的智力，甚至建立良好的道德品质，这一观点至今仍有共鸣。然而，这样的希腊理想在中世纪大学和美国殖民大学创始人的头脑和心灵中都是缺失的。校际体育已成为美国大学公众形象的一个突出方面，大量的学生、员工、校友、公民甚至教师对体育的诸多热情和奉献，在美国历史上也是独一无二、前所未有的。美国学术界的许多人认为，校际体育运动，无论对参与者和观众有多么重要，都处于大学生活的边缘。然而，没有任何其他的大学活动在每日报纸上占据如此多的空间，被校友、州议会和公民谈论得如此之多，或激发如此广泛的热情。

---

  ① 柏拉图学院由柏拉图创办于公元前385年左右，位于雅典城内。

有竞争力的体育运动在世界各地都很受欢迎，但只有在美国，它们与大学联系得如此紧密。

如果大学间的田径运动占据了大众媒体中的头条，该怎么办呢？它们占据了大多数大学的少量预算和员工岗位，且美国高等教育的核心使命也蓬勃发展；事实上，许多人认为美国已经发展了世界上最好的高等教育体系。的确，我的深刻印象是，尽管我的大多数校长同僚们都敏锐地意识到校际体育的问题，但他们也认为，在这些问题上，与内外支持者周旋的成本，远超过其收获。到目前为止，能做的是集中精力改进大学的教育和研究项目。然而，学术界的其他观察人士认为，即使是相对较小的活动，破坏学校的完整性或基本价值，也会对学校的社会合法性构成威胁。一些历史旧事可能有助于澄清这些问题。

大学间体育运动并不总是美国高等教育不可分割的一部分。事实上，在殖民地学院，人们会强烈反对有组织的竞技体育运动，而学生赞助的首次校际运动会通常在较为隐秘的地点举行。大学体育蓬勃发展是20世纪的现象。与此同时，内战前学院逐渐转变为我们今天所熟知的更世俗、规模更大的美国高等教育机构。20世纪初期，如同人们对高等教育机构的迅速世俗化感到震惊一样，美国高等教育的领袖们也同样对竞技体育的吸引力和对其支持者的想象力感到惊讶。无论如何，他们很快就对它上瘾了。几十年来，高校系统地增加了对校际体育的投入。在这一过程中，高校成立了诸如各种体育会议和全国大学生体育协会（NCAA）这样的组织来规范比赛，并授予某些联盟的会员资格。尽管这样的自我管理可能是非常明智的，但人们对胜利的向往总是推动着他们去探索，如何改变商定的交战规则。回顾过去，我们清楚地知道，无论改变规则的动机是什么，无论行事方式是否虚伪，校方都坚定地推进，这样长年累月自然就损害了大学的公正性。

一些人认为，不管校际体育的问题和好处是什么，它的发展是对美国人热情的一种成功的回应，以获得公众对大学的支持，而这些大学必须放弃其他方面。即使这种特殊的好处不影响我们追求教育和学术方面的主要目标，我们是否不应该忽视追求正直带来的种种困难？在担任密歇根大学校长的这些年里，我去过很多州。无论我走到哪里，我都会看到孩子们穿着密歇根大学的运动衫在学校里玩耍，他们常常想象自己代表密歇根大学在关键时刻参加一场重要的比赛。青少年和许多成年人也是如此。这种通过体育活动发展的认同感，或许是大学获得校友情的唯一途径，也是密歇根州广大公民参与到大学的唯一方式。我清楚地记得，有几次去帕萨迪纳市，密歇根州正在举行"玫瑰碗"的比赛（美国大学NCAA美式橄榄球赛之一）。在比赛前一个晚上，洛杉矶的一个大型舞厅举行了赛前动员会。当晚最激动人心的时刻，有250名乐手组成了密歇根行进乐队，尽管他们无数次地演奏了密歇根州的比赛曲，仍然有上千名各行各业的成功校友恳求他们不要停止！不知何故，诺贝尔奖并不能激发这样的活力……虽然我希望他们能得到更多的赞赏。

　　当我成为普林斯顿大学校长时，我获得的第一项奖励是普林斯顿校友给我的有关校际体育运动的邮件。我曾相当天真地以为，常春藤盟校（Ivy League）的校际田径项目不会那么引人注目。尽管我在"十大联盟"中遇到的问题与在普林斯顿遇到的问题截然不同，但是事实并非如此。的确，在某些方面，校际体育运动在普林斯顿大学比在密歇根大学重要得多！仔细想想，原因很简单。普林斯顿大学派出的队伍比密歇根大学多，而其本科生人数约为密歇根大学的1/6。因此，运动员的招募数量和参加校际体育运动项目的学生比例远高于密歇根大学，普林斯顿校友参加校际体育运动的人数比例也远远高于密歇根的校友。学生的参与比例至关重要，因为其规模决定了其对学校学术项目的潜在影响。对于像普林斯顿大学这样的高校而言，为了维持其学术项目的质量，招募校际运动员时，对学生入学的学科成绩有了更高要求，这也限制了他们参加国家层面上竞技的可能性，因为通常运动能力、动力、人才与学术之间存在负相关性。

组织性和竞争性的校际体育活动无疑使许多青年男女和更广泛的校园中的其他成员受益。热心人士声称，参加校际体育活动可以培养出令人钦佩的品格品质，比如自我牺牲、自律、专注，以及为了共同目标与他人合作的能力。我毫不怀疑这一点，尽管这些品质也可以在校内运动、其他运动以及许多需要奉献、团队合作和努力工作的活动中培养，然而，竞技运动员还可能培养出一些不那么讨人喜欢的品质，比如不惜一切代价赢得比赛的决心（包括使用违禁药物来提高成绩），以及对大学核心学术价值观的排斥。事实上，我相信商业性的娱乐活动之间不可避免地存在着紧张关系，其中大规模国际竞技运动已成为一个不可分割的组成部分，学术界应正视它提供独立知识和道德引领的作用。

大量并持续增加的证据表明，商业性娱乐活动之间的紧张关系，已经使许多大学不仅在对待其内部不同成员时采取虚伪态度和双标，而且在相当长一段时间内容忍了大量反社会和不道德的行为。学生们非常能理解我们的言语和行为的区别。在校园里，教授的道德教育来自行动，而不是宣传。田径运动得到了公众的广泛关注，但学生、教练、管理人员、大学受托人以及偶尔与大学体育项目有关的教职人员的许多道德失范行为也引起了公众的关注。

事实上，要想在体育、娱乐行业具有竞争力，同时又忠实于校际田径运动的既定规则和原则是不可能的。在"赢者通吃"的市场中，商业行为不仅会让大学的学术和大学的道德操守不堪重负，还可能对一些学生运动员造成严重剥削。最后，只要反垄断法有利于 NCAA 或其他大学联合努力规范其成员的商业活动，也许就没有有效的改革工具。最高法院已经认定，大规模的校际体育活动是一项与娱乐业相关的商业活动。有近60个大学记录了每年2000万到6000万美元的开支，资金来自大学补贴、门票销售、电视收入、保龄球比赛收入和各种特许经营安排，这当然像是一种商业活动。因此，这样一种商业活动的成功，最终可能会削弱大学联合限制任何带有竞争性质活动的能力。

尽管校际体育运动带来了惊人的收入增长，但几乎所有的大学和学院仍然必须为其体育项目提供补贴。由于校际比赛赛季的延长，旅游预算增加，教练工资提升，体育部门员工扩招，还有过去的20年里，女性赛团数量的增长，绝大多数增加的收入已经用于扩展校际体育项目，因此，尽管有很多关于校际体育运动为大学带来巨额资金的说法，但事实要复杂得多。在我看来，如果有人在这个过程中被剥削，那很可能是在所谓的大规模或创造收入的体育项目中的运动员，特别是足球和男子篮球。这些运动员从企业得到了他们应得的吗？我想答案会因机构而异。

尽管我们或许还能找到一种方法，在大规模的大学校际田径运动中，改善当前体制最糟糕的方面，但它仍然给我们警示，说明融合我们社会两个不同部门的利益是多么困难。大学和营利性组织的成立是有原因的，它们的合并可能行得通，也可能行不通。无论如何，大学需要谨慎行事，对其最重要的价值观承担明确、不可协商的义务。在这个领域，就像在其他许多领域一样，即使是为了钱，我们也必须清楚我们不会做什么。我担心的是，各级体育运动的迅速商业化，可能对大学的基本完整性和独立性构成严重威胁。因为长期以来人们认为，一群体育天赋超群的全日制学生代表他们的母校参加一场充满激情的比赛是宝贵的活动，但可怕的是这种观念在将来可能会被认为是错误的。如果这样，美国的精英运动员和高等教育之间就会产生隔阂。在许多体育项目中，最好的青少年运动员和国家高中的体育项目之间的类似分离，已经在很好地进行着，而这种发展来自青少年体育的日益商业化、职业化和专业化的推动。在我看来，如果不了解我国青年体育组织方式所发生的变革，就不可能解决国际体育运动中存在的争议性问题。由于这一变革，通过校际项目招募的运动员来到美国校园时，他们上大学的目的与上一代人截然不同；无论有没有公之于众，校方对他们的期望也是不同的。

把全国最有天赋的年轻运动员从学术机构中分离出来，也许是有益的，也许不是。一方面，减少学术机构与全国最有天赋的年轻运动员的联系，既符合学术机构的利益，也符合运动员自身的利益。事实上，许多运动员、他们的家庭和各种商业利益已经走上了这条道路，他们在美国大学校际项目之外追求他们的体育目标。另一方面，美国大学不愿放弃与普通美国人热情的联系，这是可以理解的。在我看来，很明显，要区分大学校际体育运动和专业体育运动越来越难了。从公共资源里招募来的教练和运动员与日俱增，大学间的体育运动日益受到商业娱乐行业的价值观和需求的支配。减少大学与大规模体育运动的联系有失有得，但现在是我们开始对学术界大规模体育运动的成本采取更加诚实和现实的态度的时候了，因为预期的收益很容易被夸大。

历史表明，美国大学将尽可能地选择与体育保持紧密的联系。其将继续追求商业收入的增长，并为实现这一目标选择妥协。与此同时，其还将努力实现某些改革，使得学术价值不至于过于降低。这些改革包括限制练习时间，加强赢家和输家的收入分享，改变体育奖学金的结构，在一定程度上提高招生要求，偶尔限制特定体育项目的赛季的延长。尽管这些改革肯定是有用的，但随着时间的推移，它们的影响可能会非常有限，而且会被获胜和增加收入的愿望压倒。此外，我预计，由于控制成本的努力被证明是无效的，票价和机构补贴水平都将大幅增加。

我个人的观点是，只有改革才有可能使国内大学在管理、教育和政治利益中找到一个更好的平衡点。首先，增加透明度，这样每个人都明白，为了更有竞争力，大学做出了何种妥协；其次，为所有学生制定更有意义的学术标准；再次，放弃每年一度的全国冠军角逐（见下文）；最后，为集体行动寻找更有效的机制。全国大学生体育协会（NCAA）已经并将继续为校际田径运动提供许多极具价值的服务，但正如我已经指出的，法院现在允许 NCAA 在商业事务上行使相当有限的权力，而校际田径运动无疑是一项商业活动。如果 NCAA 获得反垄断监管的豁免，或许现有的结构可以被"拯救"，这种发展似乎不大可能。更有可能的情况是，由诉求一致的学校组成的一个单独机构制定新的策略。这就需要放弃培养国家冠军的想法，而这似乎是校际田径运动带来大量商业收入的基础。尽管如此，我相信如果我们把期望限制在地区性的或者以会议为基础的锦标赛上，我们可能会有更多快乐的球迷，甚至媒体在决定谁是最好的时候也会有更多的乐趣。在这样的情况下，可能会有 6—8 支球队认为自己是国家冠军。我看不出这有什么害处。如果这个提议会让人觉得很幼稚而行不通的话，我将回到提高透明度的想法上来。至少所有选民都能更好地理解整个企业的成本和效益，要么继续支持当前的趋势，要么推动价值和前景的转变。社会机构对它们所服务的社会具有一系列复杂的特权和责任，社会常常要求它们在追求更大的、不从自身利益出发的目标时，对某些价值观做出妥协。大学一直如此，因为它们要在它们希望追求的竞争目标中，寻找一个不稳定的平衡点。也许校际体育运动仍将是这种妥协的一个方面。

七、结语

在一个不断变化的环境中，大学现有课程与社会不断变化的需求之间的关系，将不可避免地成为讨论的主题。我们决不能逃避这种讨论。特别是，我们不能断定这种正在进行的对话会破坏大学的传统价值和自治权利。相反，正是通过这种对话，我们最重要的传统价值观，如自治权利，才能得到加强。的确，自治意味着一定程度的责任和审时度势后的反应，这使得这种对话势在必行。这样的对话也有助于就学术议程与教育议程的结构以及不断扩大的知识库的使用，达成社会共识。此外，这样的对话有助于大学继续发挥对社会的作用，既扮演有思想但反应迅速的服务者，又扮演有思想但要求苛刻的批评家。

在这方面，还必须指出，任何教育机构只有履行向下一代提供确保社会目标实现所必需的能力、信仰和义务的具体责任时，才能获得社会合法性。无论何时，社会所支持的各种高等教育机构的本质，在很大程度上反映了社会当下的观点。简单地说，任何时候实行的教育布局都直接关系到我们希望维持的社会性质，也直接关系到我们公民就应该如何彼此相处，以及我们对个人及其工作价值评判所达成的共识。例如，新兴自由民主政体公民接受的通识教育的性质，其内在是个人自治和公民自决的内在权利，以及其关联的愿望，即在科学和社会里寻找更好的出路，这些出路会因个人所处社会中不同的政治、文化和社会目标而截然不同。因此，毫无疑问，围绕这些制度的争议——通常是社会上的正面争议——也就不足为奇了。

另一个关键方面是，大学必须在与社会其他部门的对话中发挥领袖作用。特别是，如果知识独立性丧失或受到损害，研究型大学就不能充分履行其职责，这一观点应得到研究型大学的领导层的支持。在我看来，只有通过证明国家研究型大学在推动社会向前发展方面发挥着重要作用，证明大学的学术成就关注着人类与生俱来的需要，关注着了解我们在更大范围内占据的位置，大学才能获得社会支持。人类之所以独特，不仅仅来源于他们渴望了解、知晓、塑造自身所处这个世界的时间、空间，还在于想要赋予自身努力更多意义的其他愿望。大学的知识独立不仅对学术界负有责任，也同样对自身和后代的文化和社会愿景负有责任。

美国大学如果展望未来，自然会看到我们的社会将要面临的诸多议题，比如：全球化、各种机构日益相互依存，以及它们对于私人市场的依附，还有群体权利的宪法地位。在这种背景下，大学需要定义自己的角色，使我们日益相互依赖和多样化的社会能够从宪法、政治和社会经济的角度定义自己。这将为大学带来新的任务，既要发展思想（例如，在新环境下解决个人、不同群体和社会之间的紧张关系），也要理解新时代的课程影响和学术需要。在我们这个新兴的环境中，大学不仅需要不断更新自己的角色愿景，以反映其所处时代的新现实，而且需要运用知识力量，追求自身愿景，并说服社会继续将其视为社会自身活力的重要组成部分。与生物圈一样，一所卓越的大学应处于不断发展的状态中，机遇与掣肘就像万花筒般丰富多彩、千变万化。对于美国的杰出大学来说，最大的挑战是不满足于现有成就，因为它们需要记住，没有一所大学像它所认为的那样杰出，也没有一所大学像它应有的那样杰出。变革也许会有不必要的风险，但大学需要认真考虑教育项目是否在教育和奖学金方面履行了一贯的责任。这种担忧和适时诚实的自我反省，是大学建立和保持卓越能力的重要因素。在未来的几十年里，忧患意识、勇气、力量、适应力、领导力和变革是高等教育继续保持卓越性和功能性的重要因素。

第二章

内战前大学的转型:从正确思考到人文教育

在南北战争后的 10 年里,我们见证了美国公立和私立高等院校在学校性质、办学规模上的根本转变。事实上,内战前大学的特点及其所扮演的角色,对于我们中的大多数人而言,是一段模糊而遥远的记忆。本节主要内容是内战前大学体制的惊人转型。这一段美国高等教育的历史一直令我着迷,其中有两个原因:①内战前的大学为满足美国教育需求所做的努力,虽不被人看好,但令人意外的是,其竟然转型成为当代美国生活中的活力因子;②我十分好奇为何内战前大学的转型或更迭花费如此长的时间才步入正轨。当然,大学的转型产生了一批新的机构成员和一系列新的社会、教育和学术责任。为了弄清为何转型姗姗来迟,以及转型的特点和速度,我们需要理解早期国内外发展的条件,这些条件极大影响了后期的发展特点和动态。事实上,任何现存体制都有复杂的历史根源,对当代研究型大学最常见的评价就是其诞生十分艰难。

美国高等教育在 19 世纪晚期的蜕变似乎已是老生常谈的话题,这一话题的大致框架广为人知。不过,对于这一领域的历史研究成果不多,许多问题仍待解决。在此,我并不打算重述惯常话题,而是聚焦于欧洲及 19 世纪美国的社会、政治和智力发展因素,当我们解读这一重要时期时,对这些因素的考虑是不完全的。

对许多学者而言,内战是美国高等教育两个不同阶段的典型标记分界线。的确,19 世纪早期,美国大学的学术空白促使很多观察者呼吁基础性改革的必要性。实际上,在 19 世纪上半叶,少数校长和教师尝试着推进新的方案,以弥补内战前的大学对学术的忽视。到 19 世纪中叶,密歇根大学校长亨利·P. 塔潘(Henry P. Tappan, 1851)提出新的理念,认为美国大学"是为充分学习每一个知识分支和进行各种科学调研而做准备的地方,是学习范围不受限制的地方,是思维依其需求得到培养的地方"。早些时期,托马斯·杰斐逊(Thomas Jefferson)在弗吉尼亚大学引入新的课程制度,为学生提供更多选择；在19世纪早期的哈佛大学，乔治·蒂克纳（George Ticknor，1876）也提倡增加课程。其他学者，如拉尔夫·沃尔多·爱默生（Ralph Waldo Emerson）和弗朗西斯·魏兰德（Francis Wayland，1842，1850），则执着于当时的普遍想法，即应当在高等教育中探索独特的"美国方式"，就像在商业和政治中运行的那样。同时，一些改革者，如密歇根大学的亨利·塔潘，担忧美国的商业风气可能影响严谨的治学。

尽管这些值得敬仰的努力未能坚持下去，但重要的是内战后美国高等教育转型在19世纪已经播下种子。实际上，在19世纪早期，美国西点军校和伦斯勒理工学院的成立、宾夕法尼亚大学令人瞩目的现代化愿景，以及一些教师和部门所做出的虽然分散却卓越的努力，都预示着美国高等教育将迎来转型。对于他们所做的努力，我们再怎么强调这些杰出人物的功劳也不为过，如普林斯顿大学的约瑟夫·亨利（Joseph Henry）、耶鲁大学的J.威拉德·吉布斯（J. Willard Gibbs）、哈佛大学的路易斯·阿加西（Louis Agassiz）。除此之外，凯斯应用科学学院著名的"迈克尔逊-莫雷实验"在内战后不久进行，远远早于殖民地学院的最终转型时期。事实上，在整个19世纪，已经出现个别改革的尝试——试图增加新的课程、将哲学与宗教分离、引入科学的方法、从事学术活动等，不过，这些改革并未落实。不管是联邦政府还是州政府，都对改革不感兴趣，内战前的大学与学术渐行渐远。在此，我想阐述在高等教育周围迫切希望改变时，高等教育为何故步自封。

正如美国的其他领域一样，内战结束为大学的转型带来动力。在我看来，内战促使大多数人对过去几十年的文化责任产生怀疑。人们不仅向往和平，而且向往更广泛、更多元的生活。举国上下都认为对多元思想的宽容能带来更好的社会、政治和文化体制（尽管有些思想是错误的）。这一观念同样催生了一个强烈的愿望：切勿因信仰差异再次引发国民大屠杀。

有趣的是,这种新的知识观与一些新兴自由观念的基本原则相当一致,包括逐步发展的私营市场组织,以及我所知的新教普世主义下的各种观念。不仅如此,内战后的政治余波促使州政府和联邦政府在社会经济发展中承担更多责任。这一点不仅反映在高等教育领域,如建立赠地大学,在其他领域还包括提出国家税收概念、修建横贯大陆的铁路、发行首个国家货币等。

就像欧洲人在整个19世纪惶恐不已,担忧不确定的、不可预知的现代世界会取代旧有的政体,战后的美国同样在寻求新的方式以适应新的态度、新的动机,有利于自由民主的工业化社会和以私营市场为中心的经济体系不断发展的社会文化活动。因而,社会中形成了一种充满不确定性和失落感的生活方式。随着一波又一波经济和社会创新袭来,人们不可避免地杂糅了对某些人的失落感和对所有人的道德焦虑。这种时常变化的道德观成为这个不断变革的世界的社会特点,而它也对"公平分享"和公民之间的道德义务提出了新的原则。

与当时社会、经济和政治变革下的活跃状态相反,至少在19世纪个别支配美国高等教育的殖民地学院,依然将精力放在管制不守规矩的学生,以及将虔诚信奉基督教和正确思考方式灌输到他们的思想当中。学术课程仅仅局限于学习古典语言、文学、修辞和一些简单的算术,当然还包括道德哲学的"顶点课程"①。道德哲学课程是为了揭示包括神启性知识和实践性知识在内的多种知识主体彼此之间和与更庞大的整体间如何产生关联。课程内容是在基督教的世界观下设置的,因此无论哪门课程的知识都在揭示《圣经》中的真

---

① 顶点课程是美国高校开设的一种让学生整合、拓展、批判和应用在学科领域的学习中所获得的知识、技能和态度的课程,通常是为高年级学生,特别是临近毕业的学生开设的一种综合性课程。

理。也许这些院校会被看作神圣之所，保护着往昔的价值观念和某些艺术品，使其不受到将社会带入另一方向的当代发展的冲击。从纯学术的角度，我们最好把这些院校当作大众和全民中等教育出现之前不起眼的高中。

总体而言，内战前美国的学术风气在高等教育领域之外而不是之内盛行。因而，只有少数有志向的青年或家长认为大学教育大有裨益也不足为奇了。尽管《1828耶鲁报告》宣称，大学教育是"为精英教育奠定基础"，但在当时基本上不现实。除了早期力求改变的呼声以及在伦斯勒理工学院和西点军校进行的创新实验（部分原因是受到法国"大学校"教育体系和国家日益紧迫的工程任务的启发）①，持续性的改革运动在内战后的几十年里才发生。

一、传统的说法

谈及19世纪末美国研究型大学的诞生，传统的说法往往关注那些游历过德国大学的美国访问学者所带来的影响，他们受到"洪堡式"高等教育理念的启发，对欧洲图书馆丰富的学术资源深有感触。② 具体而公正地讲，有关19世纪末美国研究型大学产生的原因的传统说法包含三个主要部分，分别是：①欧洲新模式下的学术探究、研究生教育和洪堡理念研究所带来的影响，以及实现这一理念所需的学术资源（如图书馆）；②美国新成立或重组的高等院校带来的影响，特别是新建立的公共赠地大学和私立院校，如约翰霍普金

---

① 当时的美国急需受过技术训练的军官，既是出于军事需要，也是为了修建能够连接全国的运河和公路。这促使1802年美国西点军校成立。西点军校参照法国工业学院（与德国技术学校或英国学徒制度相反）的模式，希望培养的不仅是工程师，而且是精通工程学的军官，使军官成为学术团体里受欢迎的科学家。在最初的几十年，虽然学校课程与法国工业学院相似，但并未达到法国的教育水平。1824年建立的伦斯勒理工学院致力于"将科学应用于人类的共同目的"。在19世纪中叶，哈佛大学、耶鲁大学、达特茅斯学院和密歇根大学也开设了科学学院。

② 如 Cohen（1998）、Geiger（1986）、Lucas（1994）、Ruch（2001）。

斯大学、麻省理工学院、芝加哥大学、加州理工学院、斯坦福大学等；③科学程序和学术步骤的改进带来的影响，以及随之而来的对学科细分的重视。这种说法虽然准确但是不够完整，还需加入在推动高等教育改革中起重要作用的其他因素：①传统的说法应得到扩充，应该缜密地分析文理科课程的重建、扩充和文理科教师队伍的建设；②应该考虑文科和理科不断发展的关系、人文教育新的观念和越来越专门化的职业学校；③我们需要更好地理解美国高等教育中宗教思想的不同作用，以及信仰与大学里新的社会和文化义务相适应的方式；④英国的大学在这一期间变革缓慢，探寻英国大学高等教育模式的持续性影响至关重要；⑤传统的说法需要增加对促使国内外社会转型的经济、社会、政治和智力发展因素的全面理解。

例如，18世纪时欧洲出现了知识发展的热潮，欧洲察觉到人类已经处于新的"海洋全球化时代"前夕，但传统的说法并没有承认知识发展带来的影响。事实上，在18世纪末的欧洲，全球化成为一个十分普遍的认识。更特别的是，随着商品、人力、思想在全球加速流动，大洋彼岸也开始了精神生活。18世纪欧洲的知识观念与我们今天所讨论的全球化中通信技术与日俱增的影响如出一辙。值得探讨的问题是：为何内战前大学的学术生活并未出现这种全球化观念？

此外，欧洲人对于大学里古典的《圣经》教育在课程设置中的垄断地位表示不满，古典教育和《圣经》教育发源于17世纪、成熟于18世纪，此时已有学者和其他人开始质疑：仅仅依赖《圣经》是否有助于青年人的道德和政治发展？从16世纪的迈克尔·蒙田（Michel Montaigne）到18世纪的伊曼努尔·康德（Immanuel Kant），学者们对这种依赖尤为担心，他们认为它不包含现代可能发生的事，无法让学生在社会轮番上演的戏剧里成为有意义的、睿智的演员。事实上，康德支持在教育领域进行更多的实验，他甚至不否认有些实验会失败。具体来说，早在 13 世纪，罗杰·培根（Roger Bacon）担心大学课程里古典语言和古典文学的排他性会给科学发展带来不利影响。在 17 世纪，弗朗西斯·培根（Francis Bacon）提出直接但有失偏颇的观点："我们从希腊人身上汲取的智慧好比少年时期的知识，具有孩童的典型特征：可以谈论，但不能创造；充斥着各种争论，但成果寥寥无几。"同样，约翰·洛克（John Locke, 1899）说道："为了学一点拉丁文和希腊文，不知花费了多少气力，流下了多少眼泪，做出了多少无谓的努力。"赫伯特·斯宾塞（Herbert Spencer, 1990）认为，拉丁文和希腊文的教学只有少量内在价值，只是具有服务于"将绅士与次等人分开"这一社会功能。不管怎样，古典的大学和它们古老的教学方式被认为是——用托马斯·麦考莱（Thomas Macaulay, 1972）的话——"充斥着拉丁文、希腊文和算术，遗憾的是再无其他"。这种观点广泛存在。当时，斯宾塞和许多观察者已经开始质疑古典语言对训练思维和传授美好品德的独特作用。然而，内战前的大学鲜有对这些观点的回应。

因此，对于内战前的大学和其最终的发展产物而言，其中一个难题是如何理解为何欧洲持续到 19 世纪的有广泛基础的知识发展要耗费许久才被纳入美国大学课程中。知识发展只有等到大学校长或教师访问欧洲后才能开展的说法并不完全令人满意。除此之外，这一说法不能解释高等教育为何会形成适应美国社会现实和美国高等教育愿景的特点。美国人独有的对政府的不信任和非同寻常的强烈竞争意识对之后高等教育部门的性质和质量产生巨大影响。我认为，尽管这一去中心性的竞争体系有过分之处，总体来说它既服务于国家利益，也极好地服务于学术和教育领域。

为了更全面理解内战前大学转型的特点，我首先将关注欧洲大学和美国大学在 19 世纪的具体条件，正如我已经提到的，以往有关现代大学诞生的论述并未充分关注到这些背景条件。

二、19世纪的背景：欧洲

19世纪，由于工业革命、法国大革命、通信技术和自然科学的发展，欧洲人口急剧增长，城市化出现，社会和经济分崩瓦解带来大量新的问题。事实上，法国大革命和之后的欧洲大陆战争，以及由财产、收入和地位的重新分配和改变带来的新旧精英间的社会压力和文化紧张状态的影响是深远的。在19世纪20—50年代和1871年发生的革命，以及1905年到达顶点以失败告终的俄罗斯革命，这些事件佐证了欧洲社会正以根本性的、革命的方式进行转型。

从约翰·道尔顿（John Dalton）的原子理论到马克斯·普朗克的（Max Planck）的量子理论，欧洲的19世纪可以被定义为知识化的19世纪。在这个世纪还有许多其他令人称奇的知识发展，它们转变了我们对人类能动性的看法，改变了我们认识自然界的方式，改变了我们对人类责任本质的认识，改变了社会及政治体制结构。这些知识发展成果包括：马克思主义，查尔斯·达尔文（Charles Darwin）的进化论，查尔斯·莱尔（Charles Lyell）为地质学所做的贡献，路易斯·巴斯德（Louis Pasteur）在微生物学所做的贡献、詹姆斯·克拉克·麦克斯韦（James Clerk Maxwell）关于光、磁、电的理论，奥古斯特·孔德（Auguste Comte）的实证主义哲学，西格蒙德·弗洛伊德（Sigmund Freud）的精神分析法。同样重要的还有人文学科的转型，采用全新的方式进行文学与艺术的创造和研究。更重要的是，对人文学科而言，文化成果大大增加，如书籍、音乐、艺术及艺术史。人们认为这些文化成果阐明了人类的理想和境况。研究文化成果的需求与激发自然科学领域学术成就的精神相一致。慢慢地，在欧洲新成立大学的学术环境里，基于传统、神启和其他认识形式的真理宣言失去了地位，而纯粹的实证知识相较哲学猜想或宗教推断而言更可取的说法站稳脚跟。在此情况下，宗教信仰的空间越来越狭小，有时忽略似乎比服从神的指令更合适。

这一时期，人们并未充分关注急剧上升的信息需求。实际上，人口、产量和贸易的增长，以及在新政府和新型商业环境下管理日益扩大的知识库的需求催生了19世纪的信息革命。信息分类、统计、词典、百科全书、邮政和电报系统得到发展，制图新技术出现，随之而来的是技术工人的跨国流动大幅增加。这场革命深远影响了信息收集、储存、转换、呈现和交流的方式。不过与当时争议不断的学术和文化议题相比，信息革命获得的关注较少。

文化议题常常被认为是一种选择——介于科学理性和宗教迷信之间、宽容和偏见之间、个人自主和社会契约之间、新的公平理念和仍在延续的专制主义之间。考虑到这一点，对信息革命的忽略似乎不足为奇。而由不断扩大的知识库和新的信息存储、转换和分析形式所激发的进步学术思想，与当时革命性的政治社会运动一样是重要的变革工具。除此以外，19世纪出现了将革命或变革视为长久状态的观点，不管是从马克思主义还是从自由主义的层面，自然界的新知识推动我们不断地重新评估科学和社会领域。这种观念极大影响了欧洲和美国高等教育体系。

当然，这些令人震惊的发展并不是自发出现的。前100年的发展提供了一个使各类科学新思想和新的社会秩序得以发展的平台。回顾往昔，1650—1750年的100年也是欧洲中世纪的终结。或许是受发现之旅的启发，这个时代出现了许多革命性的思想家，仅列举一小部分：艾萨克·牛顿（Isaac Newton）、戈特弗里德·莱布尼茨（Gottfried Leibniz）、巴鲁赫·德·斯宾诺莎（Benedictus de Spinoza）、洛克（Locke）、戴维·休谟（David Hume）、罗伯特·胡克（Robert Hooke）、德尼·狄德罗（Denis Diderot）、丹尼尔·伯努利（Daniel Bernoulli）、莱昂哈德·欧拉（Leonard Euler）和伏尔泰（Voltaire）。最后，我们可以研究现代科学遥远的起源、进步思想的开端、对《圣经》的第一次历史性批判以及世界上其他伟大宗教和文化的真正本质。18 世纪的最后数十年，一些伟大人物做出的卓越贡献增进了我们对其他文化和自然界的了解，这些人物包括约瑟夫·路易斯·拉格朗日（Joseph Louis Lagrange）、查尔斯·奥古斯丁·德·库仑（Charles Augustin de Coulomb）、汉弗里·戴维（Humphrey Davy）、威廉·赫舍尔（William Herschel）、安托万·洛朗·拉瓦锡（Antoine Laurent Lavoisier）、约瑟夫·普利斯特里（Joseph Priestly）。

18 世纪的确是一个极具求知欲的时代，但令人惊奇的是，众多自然界的新发现并不是发生在古老的欧洲高等院校。大学对于知识发展来说并不重要。事实上，在 17 世纪和 18 世纪的欧洲，许多真正的知识分子对大学嗤之以鼻。莱布尼茨把大学视为抱有无用幻想的寺庙。亚当·斯密（Adam Smith）将大学视为虚假思想最后的避难所。虽然在 18 世纪末，有少数几个大学创造了充满活力的学术环境，如爱丁堡大学、哥廷根大学和耶拿大学，但它们只是个别例外。

为应对急速变化的世界，在 19 世纪早期，一些德国的大学重新开设更加世俗化的课程，为教工承担新任务以及大学在科学和学术领域做出成绩（包括科研训练）奠定基础。这些新的德国大学与威廉·冯·洪堡（Wilhelm von Humboldt）和柏林洪堡大学有紧密的关联。在德国，19 世纪是浪漫英雄的时代，是拿破仑·波拿巴（Napoleon Bonaparte）、路德维希·凡·贝多芬（Ludwig van Beethoven）、弗里德里希·席勒（Friedrich Schiller）、约翰·沃尔夫冈·冯·歌德（Johann Wolfgang von Goethe）的时代。1789 年，洪堡发表了一篇文章，质疑宗教的教条主义，捍卫知识探索的自由。通过这篇文章，他成为新型德国大学的英雄。关于重塑大学的本质和功用的基本观点并非洪堡一人持有，但只有他于 19 世纪早期在极短时间内创立了柏林洪堡大学。

新型德国大学吸引美国众多学者和改革者的主要特点有：①预科学习应交给文理中学；②教学、研究及科研训练是一个完整的整体，它们必须成为大学社会功能的重心；③图书馆需扩大规模；④教师的学术自由和独立性应该得到保证；⑤研讨会应发展成为研究和科研训练的重点。正如我们所见，若以上特点被采纳，在美国环境下会以完全不同的形式出现。

对学术的重视使学科更加细分，因而出现多门新学科，特别是在社会科学和人文科学领域。除此之外，文理科教师教授的学科成为学术发展中最重要的中心，取代了过去许多个世纪里塑造欧洲大学精神与灵魂的专业学院，如法学院、医学院和技术学院。尽管内战前的大学在古老的学术型专业上师资较弱，但这些欧洲大学的确影响了美国高等教育发展体系继续以人文和科学为核心。

随着现代化曙光初现，欧洲社会已经进入了一个全新的、性质不同的时期——在这个时期，至少会允许大学在学术和科研训练领域承担新的责任；允许传统的宗教和经典的学习得以扩展，其中部分被重组的人文学科替代，包括历史、文学、艺术史等新学科，并且加强世俗学习和科学学习的合法性。总体而言，高等教育的复兴和转型开始于欧洲。而在美国，当理性和知识的首要地位得到恢复并不断获得确认，当人们对经济增长潜力怀有信心，以及科技的进步推动社会优化后才开始高等教育转型。不过，实现这些目标需要创办新的院校和变革现有学校。在法国，高等教育学院占据主导地位；在英国，苏格兰的大学有着更为开明的精神；在美国，与在法国和英国一样，恰恰是新成立的大学或不那么顶尖的大学，而不是古老的内战前大学，在重新定义大学的社会角色和完善大学计划方面一马当先。

在欧洲，特别是在德国、法国和英国，大学改革最为尖锐的矛盾发生在19世纪上半叶，随之而来的欧洲高等教育变革，尽管姗姗来迟，却反映了西方社会的经济、科技、社会、政治和文化基础正在发生巨大而深刻的改变。当时的欧洲高等教育变革或许是启蒙运动推动下伟大自由革命的尾声。

三、19 世纪的背景：美国

对我而言，19 世纪的美国，尽管有许多悬而未决的社会问题，尤其是未能成功将个人权利扩展到所有公民，以及内战这一巨大的悲剧，但给我印象最深的是美国正在慢慢地萌发一系列社会、政治和经济观念，这些观念不仅支持新的发展，还激发了贯彻新思想的社会力量和改变大部分现状的意愿。这需要社会和统治精英对萌发的新思想更加包容开放，这些新思想具体反映在产品、人员和思想上。

从这一角度来看，更为重要的是政治习俗、政治行动和政治传统的发展。一方面强调地方特权，另一方面准许国会议员在其司法权范围内的具体事务上拥有较大权力。在美国体制中，由国会控制行政机关和联邦政府程序的政策（也就是手段及目的）是十分合宜的。这些新形成的社会和政治传统同样反映出对统治机构、执政党、宗教机构和包括教师在内的专家们的不信任。这是一个属于普通人的时代，是美国本土人民发挥独创力的时代。这样的社会和政治准则或多或少保证了不会出现全国性的高等教育计划。

这些社会和政治传统催生出一套独特的美国高等教育管理体系，约束教师自治的权力更少。美国对于政府（尤其是联邦政府）的不信任由来已久，且钟爱于学术独创性和竞争信念，选择地方治理而不是国家管理（无论由州管理还是由具有特许权的民间团体管理），以及一个相对有自治权、去中心化的体制。此外，人们还支持脱离地方知识阶层的控制（如教工代表），由以社区为基础的委员会掌管。因此，美国大学体系如今展现出极大差异性（一部分反映出地方条件和优先权），学校间更加不平等，适应力更强（有更多实验的机会）。在研究型院校中，教学与研究的关系比与其他类型学校更加密切（反映出社区治理教育的重要性），在我看来，这些结构特征主要是前面提到的美国独特的社会文化传统带来的。

举个例子，美国的政治和社会习俗与英国的习俗截然不同。在美国，一方面要求政府负起责任，另一方面又要保护个人的行动自由，两者之间的斗争通过支持个人和各地方政府单位的特权和自由得以解决。事实上，与英国首相和议会相比，美国总统和国会的权力受到了严重的限制。另一个例子是，在某些情况下，美国法院甚至能够约束民选立法机构的决议。然而在英国，法庭仅限于公正地执行议会通过的所有法律。

随着19世纪的推进，美国人对未来、对个人和地方决议持越来越审慎的态度。当然，在工业化、城市化和移民的进程中，在多变的社会准则和文化机构中，人们在自信日益增加的同时还出现了一种社会错位之感。事实上，人们对于现代化的深远影响感到焦虑，因而创作了大量乌托邦和反乌托邦的小说，如马克·吐温（Mark Twain）的《亚瑟王宫廷的康涅狄格州的美国佬》（1989）。尽管如此，美国开始欣然接受这一观念：即使未来布满荆棘，但承载着新的可能性；私营市场、美式的共和国自由民主制度、新兴技术和不断扩张的边界将引领美国进入新的时代。而且，相较于欧洲人，美国人整体上不那么在意急剧变革对由来已久的现存传统和特权造成的破坏。这种不断深化的国家态度被证明对美国高等教育十分重要。

四、美国经济

接下来，我要谈谈一系列对19世纪美国而言同样重要的条件，这些条件与美国经济状况和急速增长的财富有关。如果高等教育和学术研究是"奢侈品"，那么经济发展是为美国高等教育转型提供必要资源的关键。对于大学来说，国家财富的增长及其日益不平等的分配具有深远的影响。

在美国内战期间，英国是世界领先的经济强国，其制造业产出占全世界的 1/3 以上，其贸易额占世界贸易额的 25% 以上。尽管美国 19 世纪 70 年代出现经济大萧条，但到了 90 年代，美国人均收入仍然超过英国。到 1913 年，美国不仅控制了 36% 以上的世界制造业产出，而且其人均收入比英国高出 20%。不仅如此，在 19 世纪最后 30 年里，美国工业通过独特的制造业体系上升至全世界技术领先地位。同样值得一提的是，实际上，这一前所未有的经济上升形势伴随着收入不平等现象的加剧，大量商业公司和信托的发展，以及社会对市场经济是自我调节活动的进一步认可。

一个多世纪以来，美国人的独创性为蒸汽运输（罗伯特·富尔顿）和纺织业（弗朗西斯·洛厄尔）等领域的非凡经济成就奠定了基础。然而，正是在内战之后的几十年里，美国成为世界上最大、最具活力的经济体。在这些令人瞩目的经济发展中，高等教育所起的作用似乎微不足道。在内战结束后的几十年里，美国 24 岁的年轻人中只有 1.3% 接受过高等教育，这个数字在世纪之交时上升到了 2.3%。

这些统计数字告诉我们，在这一时期，美国高等教育不仅规模很小，而且其力量远远不能推动美国前进。事实上，单个的学院或大学是很小的社区。例如，直到 1869 年，拥有 50 多年历史的密歇根大学由八九座不起眼的建筑组成，其中一半是独立的教师宿舍，以及一个藏有不到 1 万册"精选"书籍的图书馆。到 19 世纪中叶，大学教师的平均人数约为 7 人。总而言之，我知道没有证据能表明高等院校在 19 世纪美国的经济和社会剧变中发挥了重要作用。

长期以来，人们普遍认为美国人内在的独创性是美国竞争优势的源泉。尽管所谓的独创性无疑发挥了一些作用，但 19 世纪显著的经济发展也受到其他现实因素的推动，包括极高的国内投资率、高生产力的制造业增长强劲、受保护的国内市场、投资交通和通信基础设施、廉价的能源（19世纪90年代，美国工人人均消耗能源是欧洲的2倍）、丰富的自然资源、高资本劳动比率、新型企业组织模式以及劳动力引进。尤为重要的是美国发展了高效的大规模生产工业。这不仅需要良好的技术，而且需要有效的商业组织、良好的分销网络和通过有效资本市场调动资金的能力。同样，这些因素中，极少数能归因于高等教育领域的技术、组织模式和公共政策。① 一个世纪以前，欧洲的情形也是如此，新发明是富有创造力的企业家和一些高等教育领域之外分散的知识分子与实际商业活动的需求相互作用的结果。

在内战前夕的美国，内战前大学课程充其量只能帮助一小部分公民保护旧有的传统和学习已久的西方文明。然而，许多人认为这些院校与急速发展的社会中振奋人心的前景毫无关联。内战前的大学要么进行转型，要么面临处于美国生活边缘的风险。

另一个值得一提的是，美国高等教育发展的萌芽期始于19世纪晚期，其核心是工程学科在美国大学里兴起。在19世纪早期，建筑（如桥梁）、机械（如汽船）、交通网络（如公路和运河）和加工（如铁制品）行业的重大工程任务是为了建造基础设施，以支持遍布广泛地区的工业化经济。然而，完成这项任务的大多数技能要么是在国外发展起来的，要么是精力充沛的美国工匠和企业家的成果。19世纪末，美国经济面临着一项极具挑战性的任务，那就是把有机化

---

① 内战后的几十年还出现了许多经济学家所称的"第二次工业革命"，这场革命是由科学和技术领域的一些重大发现推动的，其中最重要的是电的发现。虽然这些发现在20世纪几乎改变了所有的工业进程，但它们对19世纪经济活动的实际影响很小。在19世纪，几乎不存在美国的科学政策。尽管美国经济在迅速增长和急速工业化，但联邦政府在科学和技术方面直接投资很少。不过，专利政策、移民政策、关税政策和基础设施投资领域的国家政策间接地带来了经济红利，并推动了工业和农业新技术的应用。

学和电磁学等领域迅速发展的科学认识转化为有经济效益的技术。从 20 世纪初开始，美国新成立的工程学院在这方面发挥了非常重要的作用。因此，成立化学系和电气工程系的倡议对于大规模地将全世界不断扩充的物理和化学知识库应用于工业而言至关重要。这些新的学术实体在 20 世纪上半叶发挥了重要的经济作用。

五、联邦政府与科技

即使在商议美国宪法时，实现国家利益需要联邦政府资助科学和教育的思想仍未确立。尽管在那个年代，许多制宪者学识渊博，对当时的科学很有兴趣。制宪会议讨论的内容包括设立促进文学、艺术和科学发展的神学院，设立促进农业、商业、贸易业和制造业发展的院校，以及为实用的发明授予专利。结果正如我们所知的那样，只有关于专利的议案得以通过。如此看来，即使是在美国诞生的阵痛中，也曾有关于建立一所国立大学的讨论。然而，在这个年轻国家的最初几十年里，人们更愿意掌握管理和延续这个国家的艺术，而不是教育下一代的艺术。

在 19 世纪上半叶，美国对于科学和科学活动的兴趣几乎只在上层阶级或特定的精英机构（如英国皇家学会、德国的普鲁士艺术与科学学院、费城的美国哲学学会、波士顿的美国艺术与科学学院）资助下发展。启蒙思想和对新发明的热情最初正是在这些组织中产生的。不过，这些兴趣和关切并不是美国大学生活中的一部分。在美国成立初期，科学研究通常是一项业余活动，被认为是一项兼职。据估计，在 19 世纪初，全国只有 22 个全职科学职位，而且为数不多的化学教授往往是学习法学和神学的学生。教派正统观念似乎是大学科学职位的关键标准。有趣的是，尽管科学的功利性从一开始就广受称赞，但新思想发展和实施的体制必须从国外引进，或产生于农田或车间，而不是在大学或工业实验室。

在19世纪的前几十年里，建立一所全国性大学的想法再次在华盛顿流传，这一想法实际上是包括大学在内的关于研究和教学的规划。遗憾的是，与修建公路和运河等基础设施需求相比，这些想法从来没有获得过国会的关注或资源，而且许多人认为这种全国性计划侵犯了州的权利。

当约翰·昆西·亚当斯（John Quincy Adams）在1825年当选总统时，他呼吁建立一所全国性大学，并希望得到联邦的资助。事实上，亚当斯认为资助科学发展同修建公路和运河一样也是联邦政府的义务，他清楚地看到欧洲取得的科学进步远远超过美国，但他的提议不了了之。在19世纪前30年，联邦政府赞助的唯一一项重要科学活动是在杰斐逊执政期间进行的极为成功的"刘易斯和克拉克远征"。杰斐逊曾任美国哲学学会会长，美国哲学学会是当时美国领先的美国学术组织。然而，当时的联邦政府既不情愿也不准备应对实际问题，当时既没有一项基本的科学政策，也没有解决新问题和新挑战的机制。即使是地理勘察，也需要在特定的组织方式下进行。

这一时期的众多科技创新根源于美国的工匠传统。美国早期的伟大发明，如蒸汽轮船，就是这一传统的产物。似乎只有迫切的现实需要——如防止锅炉爆炸的方法、定位实用的地质或地理信息——才能激起美国公众对科技的零星兴趣。其中一个例外是电报的实际应用，这一应用依赖于约瑟夫·亨利（Joseph Henry）和其他物理学家的基础研究。电报对有效运行国家正在建设中的铁路系统至关重要。

史密森学会的成立所引发的争议揭示了当时对科学的态度和其后续的发展历程。1829年，詹姆斯·史密森捐赠出50万美元的遗产，在华盛顿建立一个旨在增进和传播知识的学会。国会为这笔遗赠争论多年，不仅是关于这笔钱的用处，还有接受这笔钱是否合适。最终，史密森学会成立，物理学家约瑟夫·亨利成为第一任会长。

亨利的治理原则是：①学会的出发点是为了造福于全人类，而不仅仅是地方利益；②强调创新，而不是知识的传播；③学会将关注美国其他机构没有涉猎的领域。亨利显然对买书或建博物馆不那么感兴趣。因此，史密森学会是美国第一个专注于创造、传播基础知识和实用知识的公共机构。当然，它未来的发展有着更广阔的前景。

尽管在19世纪40年代和50年代，为了解决诸如航海和农业等领域的实际问题，联邦政府越来越多地参与科技话题，但并没有建立健全的体制框架长期维持这些活动。虽然当时许多科学家认为有必要采取行动以更好地调动国家的科学力量，但19世纪上半叶的公共或私人资助者寥寥无几。我们必须承认，联邦政府的专利、移民、贸易政策，以及对企业合并、银行、交通和通信等领域的调节确实对创新和技术进步产生了积极的影响。总的来说，美国在其他方面取得了更好的进展。

六、新型美国大学的出现

鉴于殖民时期和后殖民时期早期美国大学的自我形象，在19世纪的经济、政治和社会发展中，大学有多么边缘化就不足为奇了。殖民地学院的建立是为了在西方文明前沿保持对高等教育的远见，并培养公务员和神职人员必备的态度和技能。对这些院校的创立者而言，以上目标决定了学院需设置适应英国文艺复兴时期的人文课程，专注于《圣经》和古典文学。人们认为，学习《圣经》和古典文学能训练心智，增进对西方文化的了解，且为任职州政府和教堂培养适宜的性格（抵御不道德的情感，保持虔诚）。这门课程背后显而易见的教育理论是学习和背诵《圣经》、古典语言，古典文学的语言及文化内涵有利于道德品格和心智训练。或许，对古典文学的关注显示了黄金时代的文明产生于这些古老的时代，而我们应追忆这些文明中美好的品质。

在我看来，殖民时期教育者的教育方式很少强调思辨哲学和批判哲学。跟逻辑学相比，他们更偏爱修辞学，并且关注特定精选文本中的审美品质、道德感、道德控制、俯首帖耳和尊崇权威的内容。令人震惊的是，在革命之后，当国家话语对公认的传统和权威显示出普遍敌意时，这种方式仍设法延续下去。或许这进一步证实了当时大学边缘化的特点。一个新兴的国家正在建立，但是对殖民地学院的管理者来说，创新和变革是他们最不想考虑的事情。回想一下，17世纪和18世纪的欧洲大学（被殖民者视为模板）同样与创新和知识传播没有多大关联。

七、大学图书馆

内战前大学转型的标志是大学图书馆在规模、作用和组织形式上的巨大转变。这些转变虽根源于很久之前的事件和思想，但直到19世纪最后25年里才开始集聚转型力量，并在第一次世界大战后飞速发展。

图书馆在很多方面代表着大学最重要的抱负。不仅如此，如今美国的大学图书馆已成为以稀有书籍和特色馆藏为代表的文化遗产宝库。在国外，国家、地区和地方性院校以及各类学会、机构在这方面发挥着更为重要的作用。然而与我们现在所理解的大学不同，内战前的大学根本不重视图书馆。最初，藏书十分有限，学生和教师查阅书籍也受到限制。大约到19世纪30年代末，哈佛大学、耶鲁大学和普林斯顿大学图书馆的藏书量总和占美国所有大学和神学院藏书量的10%以上，约有7万册。相比之下，牛津大学博德利图书馆的藏书量是30万册，巴黎图书馆、慕尼黑图书馆和梵蒂冈图书馆各藏有40万册（巴顿，1838）。而且，美国大学这些藏书没有得到系统化的管理或扩充。

在早期，大多数图书馆的藏书是零散捐赠者根据个人兴趣所捐赠的。虽然收藏的方式较为随意，但这一时期许多有价值的书籍成为大学图书馆的藏书。有时图书管理员和教工会主动从欧洲大陆购买数学和科学书籍，从英国购买文学、历史和宗教书籍。然而，这些间歇性的行动没有经过系统的规划或组织，无法长时间持续下去。因此，大学图书馆不是一个研究性或学术性的图书馆，也不是一个致力于提供多种教学方法的教学图书馆。当然，它也不完全是一个因个人喜好而收藏的"行家图书馆"。我认为在当时的主流学术观念中，就像大学里有限的课程一样，美国大学图书馆的藏书只是代表了有限话题的最高权威话语。很少有人把图书馆看作是活力多变的学术前沿中的有用资源。

理由很简单，内战前大学的角色和目标跟现在完全不同。首先，课程有限且要求不高，教师知道他们要教什么、怎么教。而且，当时的课程不需要学生或教师查阅各种资料。回想一下，19世纪，人们认为美国大学书籍的实用之处主要在强化价值观和增强意志上。学生和教师都认为没有必要参考其他权威，因为他们没有考虑过创新、自我实现、自然界的新发现和多种社会秩序的选择等。无论多么罕见，这类研究通常在图书资源较少的"门厅"[①]进行。同时，大学有责任推动学术向更前沿迈进这一观念仍未扎根下来。

19世纪上半叶，一些美国大学为建造研究性或学术性图书馆做出了努力。例如，1810—1828年担任哈佛大学校长的J. T. 柯克兰（J. T. Kirkland，1818），希望大学图书馆成为世界知识宝库。哈佛大学教师乔治·蒂克纳也持相同的看法，他是创立和管理波士顿公共图书馆的关键人物。其他学术领袖和学者，如密歇根大学的塔潘校长和布朗大学的韦兰校长也持类似的看法。这些早期的创举由对欧洲图书馆有直接了解的人发起，但就像投入到学术前沿的努力一样，

[①] "门厅"的意思是这些研究的组织形式是临时的、非正式的，是从教师办公室到学生政治团体和文学组织。

这些积极的尝试并没有在内战前的大学里生根,而且往往遭到大多数教员的反对。

下面补充的实际数据有助于我们认清19世纪大学图书馆所面临的形势。在19世纪50年代,哈佛大学图书馆购买新资料的经费只有500美元。即使到了70年代,哈佛大学购买的书籍不超过200册,其他书籍来自捐赠。1884年,哈佛大学购买了超过5500册书,几乎全部来自海外,同时个人捐赠开始成为图书馆藏书量增长更重要的来源。即使到了19世纪90年代,至少在10年前就视图书馆为大学心脏的查尔斯·艾略特校长,仍建议哈佛大学图书馆依靠波士顿公共图书馆来为哈佛教员提供研究材料!尽管很难收集到准确数据,我推测即使在1880年,哈佛大学、耶鲁大学和普林斯顿大学在购买书籍上平均只花费1万美元,加州大学伯克利分校和密歇根大学的预算估计差不多。1900年,哈佛大学、耶鲁大学和普林斯顿大学图书馆的购置预算大约增长到每家3万美元,1920年增长到5万美元。20世纪20年代,随着现代研究型大学出现,大学藏书量呈指数级增长。美国大学图书馆藏书逐渐正规化,不仅因为大学承担了新角色,还有一系列促成国际图书贸易的事件,包括贵族家庭由于特权丧失或财产经济价值下跌而需要筹集资金,因而售卖藏书。

即使内战前大学的图书馆资料有限,但美国其他地方对新思想的兴趣激增。例如,我们都知道1773年波士顿码头的"茶船"上还载有伦敦的杂志,以及运往美国市场的伏尔泰、史密斯、卢梭、休谟和其他作家的著作。在内战前的美国,有一群人关注着知识和学术话题,但内战前的大学并不是他们的家园,也不是其他严肃学者和发明家的家园。况且内战前的大学并不期望承担这样的角色,反而期待学术团体和非大学图书馆为学术发展提供支持性环境和相关的图书馆资源。

虽然在 19 世纪的美国，图书馆为学术发展提供了较少的支持，但一些机构如阿斯特图书馆、波士顿公共图书馆、皮博迪音乐学院、纽伯瑞图书馆、约翰·卡特·布朗图书馆，以及后来的卡特图书馆、亨廷顿图书馆和福尔杰图书馆都为美国提供了重要的文化资源。海斯·麦克马伦（Hayes McMullen，2000）收集了 1876 年之前在美国建立的大约 1 万所图书馆的数据，其中大多数是小型图书馆。很有可能还有许多其他的小型社区图书馆未被他注意到。然而，国民素质提高的需求逐渐压倒学术发展需求。即使是私人慈善基金也更注重确保国外图书馆对美国有足够了解，而不是提高美国图书馆的学术用途。人们普遍认为美国人可以依赖他们独特的美国智慧！尽管如此，在整个 19 世纪，在组织日益完备的图书经销商网络的帮助下，个人收藏家、教工和学者收集了大量藏书，这些藏书如今成为重要的文化遗产。

因此，即使美国出现了新的精神生活，教员也开始认识到现代学术的重要性，但大学图书馆似乎并不认为提供学术资源或促进学术发展是自己的职责。在图书馆管理者看来，大学和大学图书馆是"神圣之所"，它们近乎神圣的职责就是让学生在毕业时有正确的价值观和思想，因此，大学扮演着谨慎小心的角色，图书馆只保存着少量特定学科的书籍，如此一来，大学图书馆提供的书籍少之又少。大学图书馆没有保存报纸和任何当时的资料。除了古希腊和古罗马时期的古典作品和与《圣经》和神学有关的文本，图书馆不愿收集任何时代的文学作品。随着 19 世纪渐渐过去，即使大学慢慢发生了变革，大学图书馆的观念仍然保持不变。因此，学生选择自行解决这一问题，经常出入校外阅览室来了解时事，并在学生组织中建立了私人或集体名义的图书馆。教工开始逐渐承担与学者或老师一样的角色。随着时间推移，许多个人收藏家开始收集重要的藏书，最终成为如今遍布于全国的大学图书馆的重要部分。

八、转型的大学

我们最好将内战前的大学及其图书馆视为一系列体制安排中微不足道的一部分，它们正缓慢地发展成为高度工业化的新兴自由社会的支持者。殖民地学院及其图书馆面临的挑战，是如何成为美国全新生活秩序中的重要部分。其他美国机构更愿意为新兴学术团体提供必需的学术资源，这些机构包括学术协会，学生、教工和其他个人（包括知识分子和学者）的私人图书馆，国外图书馆，以及由其他组织和联邦政府、州政府、地方政府各部门资助的专用图书馆。当然，还包括之后出现的赠地大学。

在 19 世纪最后几十年里，内战前大学对秩序、约束和责任的重视被一种更广阔的视野取代。美国社会孕育着对美国自身及其潜力的广阔愿景。渐渐地，美国人不再认为自己是西方文明遥远的属地，而对保护和变革西方文明肩负一定责任。科学、经济和知识新发展，以及出版业在多个领域的急速扩展，需要更多世俗化的课程和扩大课程类别，需要增加学生入学机会，增设科学、农业和机械工艺课程，需要一个包含新兴社会科学、重组人文学科和一系列专业课程的完整体系。进入现代学术界的途径变得尤为重要。这反过来需要美国大学和大学图书馆进行转型。实现以上发展的关键是需要一种新的信念，即把科学进步和多领域学术发展与人类进步联系起来。

不仅如此，公众越来越将政府视为国家意志的工具而不是自由的敌人。这使得新的政府法案得以通过，中学教育迅速推广并建立了赠地大学。1887 年的《哈奇法案》支持大学及大学课程的大幅扩展和世俗化。联邦政府绕过了宪法和政治障碍对高等教育给予支持，通过向各州提供土地或资金，将联邦和州的利益结合起来。这种影响深远的模式起初在农业领域建立，后来被称为新联邦制。

因此，在内战后，美国大学在社会中的角色发生了革命性转变。

大学摆脱了中世纪的观点，带着人类进步之源的新信心追求启蒙运动的目标。起初，尚不清楚哪些国家机构是服务于新兴学术团体的关键，这些学术团体的学术活动不再仅仅是社会精英的业余爱好，而是对所有人开放的职业。为服务于新兴的学术界，学术协会、独立职业学校、国家新机构、殖民地学院或地方新机构将发生怎样的变革和重置？

结果证明，新兴的美国研究型大学包揽了所有职能！在这一方面，美国研究型大学比欧洲研究型大学走得更远（在英国，职业学校有自己的发展方式）。为了履行与这一广泛延伸的角色相关的所有责任，大学在课程设置、教学设施和教师的作用与职责上必须彻底转变观念。

总的来说，在19世纪末，许多观察者清楚地看到，如果美国想要维持其经济领先地位，更充分地实现自由民主，创造本国的文化遗产，就必须改革和扩展其教育体系。对于小学和中学，需要实施义务教育体制；对于学院和大学，需要接纳不断发展的学科，转变教学计划的重心，并更严肃、更持久地发展学术。国家需要更多接受过先进的专业和学科训练的人才。

面对这些需求，美国大学课程从传统的以《圣经》及围绕古典语言与文学、哲学、语法、修辞学、背诵与逻辑学等经典著作的学习为重心，到重视当代语言和文学（包括莎士比亚文学）、科学和自然哲学新观念，由此催生了一系列人文科学和哲学学科。一场教学革命迅速发生。讲座和研讨会取代了背诵，重设了自然科学课程，不断发展社会科学课程，以及经过重组和扩展的人文学科中的专业学科课程。

大学内几乎所有学术和研究场所都发生了类似的转型。比如，不仅图书馆的藏书大幅增加并得到妥善管理，还提供新的服务，投入新的设施。

现在，我想重点谈谈启蒙运动核心的自由思想以及对美国大学的影响，因为我们对自由思想的捍卫已经造成了社会与转型大学之间的紧张关系。而这种紧张关系，到今天仍未被完全理解。政治和社会态度必然构成自由社会的基础，这种态度为支持自由的思想和开放的未来提供支持，并且总是在寻找更好的社会制度。简而言之，这种态度与安于现状是敌对的，这种对抗深刻而直接地影响了学术发展和高等教育。自由社会的观点在某种程度上呼唤各个领域的学术发展和新发现，这需要全新的资源组合以及经济和社会动力，如为学院和新兴大学提供新型实验室和图书馆。

在19世纪最后10年，即使大学承担了新的角色，成为现存科学和社会制度的批判者，美国社会仍然决定为大学提供各种资源，这一点令人惊讶。当然，公众资助批评自己的人是不常见的，这反映出公众对自由思想更坚定的决心，即为了创造一个更好的世界，现存的认知和制度都应被取代。尽管人们为不安于现状的自由思想付出了努力，但即使在今天，许多公民依然将权威和传统视为自由和安稳的源泉，将变革视为损失和隔阂的前兆。

从历史上看，高等院校既是社会的公仆又是社会的批判者，公众对高等院校的支持是自由启蒙运动最后一次社会政治革命。很难说公众是否会继续相信现代大学的教育和研究计划是有价值的社会产品，值得投入资金和承担风险。令人惊讶的是我们的社会依然非常支持和尊重现成的这样一套体制，却在一定程度上对那些曾大获成功的制度持批判态度。

九、美国模式

正如前文提到的，关于美国高等教育转型的一个普遍误解就是新型德国大学的影响。虽然德国模式的确产生了重要的影响——尤其是大学在科学和人文学科上的学术投入——但它的影响往往被夸大了。① 美国高等教育的发展不仅与许多不同的教育传统有密切联系，还有很强的功利性，由此形成了具有鲜明美国特色的体制。例如，美国独到的创新之处是明确区分院校中的研究生教育、本科生教育和职业教育，还有长期重视人文教育的裨益，认定博士为研究生学位，让公立和私立文理学院、研究型大学、州立大学和社区大学和谐共处，以及将职业学校纳入大学中。同样地，大学教员在美国研究型大学中发挥的作用结合了德国模式和英国模式，每一种模式都与美国环境相适应。正如我已经提到的，在管理方面，以社区为基础的董事会和校长将决策权委托给教员是美国模式中的独特之处。

总之，现代美国大学的特殊体制来源于殖民地学院、赠地大学、一系列新兴私立大学以及多方面的复杂影响。这些影响不仅包括不同的欧洲模式（德国、法国和英国），还有特殊的美国需求和美国传统，如自由新教主义的普遍观念、对精英政治的文化偏好、增加物质财富的义务、平等主义、移民、工业化，以及一个快速工业化的、以私营市场为中心的国家所产生的经济力量。

德国模式常常被人遗忘的一点是，19 世纪德国的高等教育强调思想和精神的培养，依照古典的智慧和美德观念培养成性格。毕竟，启蒙运动最重要的特点之一是重视个人良好的精神生活和心理结构。德国教育工作者希望高等教育能在培养特定性格上发挥关键作用。独立自主要求人们懂得自律。在很大程度上，当时英语国家人文教育的目标同样关注这一点，在美国亦是如此。然而，德国最流行的学术风气是探索世界的知识秩序，为倡导理性和探寻真理而实现的自由而欢呼。尽管亚历山大·洪堡本人对现代大学有更人文化的理

---

① 敏锐的观察家如丹尼尔·吉尔曼（约翰·霍普金斯大学首任校长）和理查德·伊利（杰出的经济学家，美国经济协会创始人之一）明确强调创建美国模式的必要性，而不会也不能简单复制德国模式。

解,但是对新知识的探寻成为现代欧洲大学的首要管理原则。对精神的培养方式在美国既相似但又有些许不同。

因此,尽管新型德国大学的发展为美国教育改革者提供了重要指引,但美国大学规划需要适应美国现状、美国文化观念和政治现实的多样性,一种独特的美国模式应运而生。美国高等教育转型的首要动机是改造和变革现存大学,而不仅仅是简单模仿我们了解甚少的德国、法国和英国大学。20世纪美国大学的出现经历了长达一个世纪的斗争,这场斗争不仅是为了重新定义美国大学,还要改进美国大学。

在重新定义和改进美国大学的整体期望中,涉及两个最重要的主题:一个是实用主义,强调教授现代语言、数学(特别是应用数学)和新兴科学;另一个主题直接来源于古典传统,除了强调经典之外,还重视历史、文学、高雅艺术、性格和心智培育,而不是实用的学科,并主张保留课程的整体性。虽然第二个主题在现代欧洲高等教育中发挥的作用不大,但它成为美国人文教育中文化发展的支柱。

无论如何,实用主义目的下产生的知识专业化与日益普及的选修课制度一起被视为大学与现实世界的桥梁。人文教育模式排斥专业化,坚信本科生课程应重视通识、文化和必备专业知识的结合。人文教育的目标仍然是培育"理想的公民"和提供专业领域的高级训练。在一定程度上,美国的人文传统从维多利亚时期的宗教信仰危机中获益,这场危机推动人们去探索文化统一的新源泉和新的精神生活,使之取代日益式微的宗教信仰。①

当然,这个体系中的其他争论与以上两个最重要的主题有重复之处。在坚持专业化和坚信最高深的知识应是一个整体的两派之间

---

① 在下一节我们将看到,天主教纽曼大学在19世纪中叶认为大学的核心是将宗教和世俗划分为两个相互独立的知识领域。

依然存在争议。在课程设置和学术安排上，各方意见不一。宗教与世俗之间的矛盾仍然存在：一些人认为宗教与世俗会成为两个相互独立的领域，另一些人认为人们最终会证明神圣和世俗来自单一的知识框架；一些人认为设置课程的目的是扩展学生的知识储备，培养其认知能力，另一些人认为高等教育还应培育出与其他受教育者和领导者有同样思维习惯和广阔视野的公民，双方存在着争论。

政策制定者逐渐认识到，如果要让美国工业实力保持增长，教育体系需要进行大规模的改革和公共投资，要转变高等教育政策。尽管第一部《莫里尔赠地学院法案》于1862年通过（主要得益于南方代表不再参加国会会议），但1887年的《哈奇法案》规定为各州农业试验站提供资金之前开展的研究活动较少。尽管一开始就付出了努力，但在20世纪初，美国即使经济超越了欧洲所有国家，科学发展仍落后于欧洲。

在世纪之交，各级政府加大对新型大学的投入，美国工业建设了自己的技术基础设施，私人信托开始在大学中发挥作用。例如，在兼并大浪潮（1897—1902）中，柯达公司、杜邦公司、美国电报电话公司、通用电气等工业巨头建立了大型企业研究中心。更早建成的还有位于新泽西州的"发明工厂"——爱迪生的门罗公园（1878）。① 在世纪之交以前，只有在化学工业中才大量雇用受过科学训练的人员。

在高等教育领域，大学在培训新技能的需求下重新定义和扩展了课程体系，教育意义理念的更新使权力大量下放给教员，各门学科扩大、重组和整合，校外学术项目运行逐渐制度化（尤其是科学和工程领域）。美国高等教育在培养合格公民方面越来越需要做到以

---

① 在20世纪20年代，一些大型工业财团对支持传统慈善机构不再感兴趣，转而依赖科学来解决社会问题。财团开始支持用基础科学研究和示范项目来论证各种命题，考察科学教育、专业科学家组织和研究机构，以一种国外从未有过的模式模糊了政府和私人机构的界限。这种模式最终使私人机构在科学和科学政策中发挥了更大的作用。

下几点：①将工程学、基础科学、应用科学和其他专业知识纳入大学院系的课程中；②所有教员专业化，赋权给所有教员；③具有完备的学科计划和管理体系；④采取以发展新知识、研究生教育和本科生教育为中心的管理原则，对社会及信仰有更具批判性、更敏锐的理解。最终，教育家渐渐放弃了没有宗教就没有道德的观念，开始探索管理人们相互关系的其他准则，在新兴自由民主制度的经济、社会和政治背景下将热情转向学术。

内战前小规模、家长式做派的大学资源有限，且重视学生的宗教信仰和道德，课程集中于古典语言和文学。现在它们让位于更大规模、更世俗化的大学，同时转变职业教育的意义和本质，改变了职业教育与大学之间的关系。出人意料的是这一发展代表了一个相对新颖的观念，即学术新发展和创新能力可能会成为保持经济增长和追求其他社会目标的迫切现实需求。在不断探索新知识和新认知的背景下，这些观念与其他美国传统一起，促使现代美国研究型大学模式形成致力于大众教育（即使不是全民教育）的去中心化体制。

正如我所提到的，州政府和其他机构可以从能够自由公开地讨论科学与社会问题的独立高等院校中获益，这一观点令人难以置信。大学作为社会批判家的角色，常常会引发大学和资助者之间的矛盾。在 20 世纪 50—60 年代，克拉克·克尔在加利福尼亚大学就经历过这种情况。① 在 20 世纪最后几十年，有时学生和教员的政治动员似乎打破了研究型大学和资助者之间的平衡，并有削弱对企业支持的风险，很多人认为在 20 世纪 60 年代末 70 年代初就出现了这种情况。在 20 世纪 50 年代早期的麦卡锡时代，学术界的许多人认为，美国校园已经不能容忍独立的政治观念。然而，随着时间推移，无论在科

---

① 克拉克·克尔在担任加利福尼亚校长期间保护教师们的自由言论，反对行动控制，却被董事会斥为"赤色校长"。

学、文化还是政治领域，针对如何改变现状的问题，美国研究型大学成为新思想的主要提出者之一。最能说明问题的是，出于各种原因，在很长一段时间内公众和私人不断增加对研究型大学的资助。

十、科学、宗教和高等教育

尽管19世纪晚期的重要变革构成了美国高等教育的特点，尤其是其越来越世俗化的愿景，大多数美国教育领导者仍然认为宗教和真理之间关联密切。虽然有些大学校长，比如康奈尔大学的安德鲁·迪克森·怀特（Andrew Dickson White）直言不讳地表示，科学和宗教是相互矛盾的，但是在大学和社区领袖中更普遍的看法是自然神学的传统观点：人可以通过自然认识上帝。大多数教育领导者认为（或希望），进一步发展学术能揭示一个与精神、道德和认知相互支撑的真理。在这方面，他们与弗朗西斯·培根和罗伯特·波义耳（Boyle）在17世纪现代科学开端之际所表达的观点相呼应。波义耳（1670）认为，研究自然界将使人们对上帝的创造有更深入的了解，对人类应珍视上帝杰作的责任有更深刻的认识。在此背景下，科学研究被视为虔诚的宗教行为，因为他们为神的存在提供了新证据，揭示了自然和《圣经》属于同一个真理的不同方面。培根提出科学的基础存于上帝的法度中，也包含在自然中。因此，从基督教的角度来看，科学是一项在道德上值得尊敬的活动。这种宗教传统鼓励个人克服不足，成为社会变革中的力量，或提高个人道德意识，这些都与所谓的自由、世俗观念相一致。至少很多人都希望能有一个容纳科学和宗教的宏大知识体系。还有些人依然认为，上帝不会允许他的言语（《圣经》）和他的行为（自然）之间出现任何矛盾。

培根认为，成功必备的个人品质同样是教会称颂的美德。一些当代科学家仍然普遍秉持这一观念。比如杰出科学家、"人类基因组计划"领导者弗朗西斯·柯林斯（Francis Collins, 1995）曾写道：

"对于一个信仰基督教的科学家来说，科学是一种崇拜。它揭示了上帝创造中不可思议、令人敬畏的美。"总之，在19世纪末和20世纪初，大学领导者，如普林斯顿大学的伍德罗·威尔逊（Woodrow Wilson）和密歇根大学的詹姆斯·布瑞尔·安吉尔（James Burrill Angell），常常宣称他们的改革不会从高等教育中剔除道德和宗教，相反，他们依然认为或希望全新的学术方法能够加深人对所有科学和宗教知识的认识，他们希望更完备的知识能培育出更善良的人（更多教徒）。他们认为，理性的发展是这一目标的帮手，因为理性是节俭、教育、勤奋和投身宗教义务的源泉。因此，宗教可以被视为人文教育的一部分。除此之外，在他们看来，有神论信仰的丧失没有为另一套道德准则的形成提供任何帮助。大学校长似乎没有意识到，对神的信仰也许会被理性、科学和进步的信念所取代。

在19世纪后半叶的英国，科学引起了巨大的争议，甚至是极大的痛苦。社会变革、外国革命以及地质学、天文学和生物学的新发现对宗教信仰的侵蚀，加剧了人们的不安全感。最重要的是，这些科学发现，似乎对神的计划中人类和地球的中心地位产生威胁。不仅如此，由于自然哲学在专业化的重压下崩塌，科学家与哲学家之间的紧密联系开始瓦解。科学家们不再那么关心终极真理和普遍价值。科学唯物主义取代了对通用知识体系的科学探索。同样令人震惊的还有达尔文体系中否认目的论的观点。对有些人来说，这推翻了神的计划。然而，另一些人仍然相信，更深入了解自然界会产生对造物主更深沉的爱与尊重，尽管需要把某些真理放在一边。正如著名的英国作家和牧师查尔斯·金斯利（Charles Kingsley）所说："我相信科学和信仰最终会握手言和……承蒙上帝的恩典，我可以帮助他们达成和解。"然而，很少有人相信终极信仰可以通过科学来确立，也很少有人相信科学可以衡量一切事物或成为我们生命的全部意义。

知识的统一性观点认为，伦理和宗教是知识，不能将其从本质上区分于物理、化学等其他形式的知识。这种观点与19世纪中期纽曼大学的观点截然不同。在捍卫神学研究在大学中的作用时，纽曼大学将神圣（人类目的、终极意义和道德观念）与世俗（自然界的事实）分开，从而将世俗知识从宗教价值观中抽离，导致日渐世俗化的大学撇开神圣。

然而，在19世纪末和20世纪初，怀疑主义成为当时的学术原则，限制了宗教真理建立在科学论断上的可能性。尽管如此，当时许多科学家认为，他们的工作将有助于建立神的准则。除此之外，新兴的人文学科（关注人类意识和情感等精神生活）很难接受知识无法再通过宗教主张成为普遍真理。1966年，沃尔特·李普曼（Walter Lippmann）在《新共和》杂志上发表著名言论，预言社会最终会"获得解放，从而使传统权威和习俗威信不再能引导和支撑社会，因此大学肩负起现代社会知识和精神生活中独一无二、不可或缺的重要功能"。美国高等教育的改革先驱们并不认为在世俗研究的过程中，信仰会越过纯粹的宗教和民族宗派主义，开创定义美好生活和美好社会的信念。事实上，在20世纪初，美国依然被视为一个基督教国家（实际上是新教国家），其公共政策体现了这一事实。不仅如此，几个世纪以来，神学家一直在美国思想界发挥着作用，现在依然如此。

当《圣经》中的主张与科学的新证据相悖时，比如宇宙的年龄，科学家们开始减少对自然现象的研究，忽视《圣经》中所描述的万物形成过程。更重要的是，科学工作与有神论和无神论相容，在神学上保持中立，从而与神学分隔开。不久以后，大多数人认为科学知识比推测、宗教信仰和权威更有用。由于观察家们开始将人类事务视为科学分析而不是哲学思辨的对象，人文学科也受到了影响。在此背景下，许多社会改革家开始认为，新兴社会科学将有助于解决社会问题，因而比宗教行业更加靠谱。他们认为，与宗教相比，积累实践知识是通往社会改革更快的道路。最后，专业化和重视现行研究取代了使内战前大学课程体系保持连贯性的宗教和理论假设。

随着基督教信仰和世界观失去其作为美国大学学术生活根基的地位，统一的概念应运而生。如果课程跟宗教信仰分离，如何确保知识的连贯性？取代旧的道德哲学统一概念的是什么？在美国，新兴的社会科学和重组的人文学科（侧重于文本和历史语境的相互影响）承担了这一责任。两者共同形成了一个增加文科课程连贯性的框架，在此框架下，基督神学和宗教信仰的指令都不再那么令人信服。与此同时，科学和科学方法找到了日益世俗化的环境下宗教观念的替代品。正如我已经提到的，科学家鼓励人们培育个人品质——敢说真话、耐心、勤奋、思维开阔、坚持不懈和独立思考——作为新扩展的人文教育理念的目标。事实上，这些主张与早先提出的"科学将帮助揭示上帝的旨意"，使科学家在迅速重建的大学中产生重要影响。强调自主权、个人价值和更加面向未来的自由民主价值观深入人心，改变了大学生活的基础。大学不再是准教会的学术和道德部门。教会和大学校长都无法宣称自己代表了新型美国大学的精神。

或许这种转变还得益于一套新的国家话语，人们利用这套话语将宗教信仰转变为捍卫自由民主的新信仰。的确，领导者开始称民主为人类的表达方式，是我们必须传递给他人和后代的神圣信任。在过渡到一个更加世俗化的社会期间，我们献身于新信仰可能会帮助许多人，但也裹挟着所有信仰面临的风险：缺乏怀疑精神。事实上，质疑自由民主的假设——如所有公民都有能力自治，所有公民都是自食其力的、爱国的——几乎变成了不道德的行为。

尽管人们普遍认为科学和宗教水火不容，但历史揭示了一种更为多样和复杂的关系。事实上，科学和宗教常常紧密合作，从而加深了我们对《圣经》的理解，并帮助确立上帝的存在。而有时候，科学与宗教之间关系淡漠。在现代公众的构想中，正是科学与宗教之间的冲突，如围绕哥白尼、伽利略和达尔文的成果引发的冲突，为两者之间不和谐或相互疏远的关系提供了范例。不仅如此，据我所知，如今天主教会的立场是既承认科学的自主性受限，又明确了科学与神学相分离。如此看来，自然或科学知识永远不可能与上帝使者所揭示的知识相矛盾，但《圣经》也不可能成为自然的指南。此外，许多哲学家认为，从科学发现中推断出道德义务是不可能的。因此，就像纽曼大学在19世纪中期提到的，当前许多人认为神学和科学应相互独立。然而，对20世纪初的大多数大学领导者来说，宗教和科学携手合作的新时代将要到来。

最后，具有讽刺意味的是，20世纪美国大学的诞生脱离了培养专业神职人员的大学环境，而培养专业神职人员曾是内战前大学的中心目标。宗教在美国公众生活中的不稳定地位和公众生活的多元性意味着，与律师、医生和各种其他职业的专业教育不同，宗教培训大部分将在大学之外进行。

十一、结语

值得一提的是，现代美国企业、专业人员培训标准化运动和现代美国大学在社会寻求新的或重组的社会和文化机构时同时出现。与此同时，美国大学在转型时并没有形成统一的学术话语或清晰的发展体系构想。美国的本科生教育、研究生教育和职业学校被一起纳入同一个院校，关于它们之间如何相互联系却没有任何清晰、系统的观念。在我看来，美国大学和许多其他文化组织采用了商业机构的方式和一定程度上商业机构的体系。尽管这种方式和体系（例如生产力、优先权、层级组织和部门结构）十分实用，但它往往会模糊大学生活的特殊性质，强调学科的专业性，区分本科生、研究生和专业课程。美国大学仍然在与现实抗争，努力延续不同文化和不同年龄段的人之间的对话。只有通过这样的交流，我们才能更好地了解彼此、了解自己。

在这方面，有意思的是，18世纪传播于世界的话语往往是宗教话语和虔诚的布道。当时布道的主题是相互连接的新世界，布道包括了从孟加拉国进口奢侈品引起的怨恨与批评，以及对法国天主教徒和"无辜"新教帝国主义者的比较等。

如今，深层次的问题是，对于早期广为接受的道德体系，随后产生的西方文化占主导地位的观点，以及长期以来将高等教育团体联系在一起的公共宗教义务，私营市场和商业公司并没有提供不同而又令人信服的话语体系。不仅如此，由于新学科不断分离和发展，各门学科的技术性和专业术语增加，保持学术界和教育界的公共特质面临更大挑战。在一个越来越难维持我们生活的公共特性的环境下，我们必须扪心自问：谁会关心更广泛的事物？在学术和教育去情境化的环境下，开展学科的意义是什么？在现代美国大学诞生之时，人们已经认为这些前景十分不乐观，且这一问题依然存在。也许这正是约翰·杜威所关心的，他希望所有的教育面对的是实实在在的人。

回首21世纪初，我们知道美国的高中从来没有成为那些希望一进入大学就从事专业性工作的学生的垫脚石。有些人认为这不是什么令人担忧的大问题，因为它阻止了现代美国大学成为他们眼中体系过于专业化和分散化的欧洲大学。

所有变革和重大转型都是所有因素互相影响而产生的复杂结果，而不是单个想法或方式的实现。随着美国高等教育迈入20世纪，一系列关于教育发展的观点同时作用，常常相互配合或相互冲突。不仅如此，一个单一的宏伟目标可以有许多不同的实施途径。实施宏伟的目标需要与持对立观念的人进行协商。实际的成效不仅取决于各种构想的总体吸引力，还取决于各决策机构的体制与政治、社会、经济力量的更广泛联合。新兴的或先前边缘化的机构往往在重大变革中起带头作用的原因是在当时实施新构想的障碍逐渐消失。

例如，在更广阔的背景下，美国的公共政策通常集合了各种观点，而不是单一想法。事实上，正因为国会、行政部门和法庭在公共政策上不同的影响力、实践方式、时间安排和传统，政策的集成性才得以保障。在高等教育领域，美国的教育体系不仅包括独立但相互关联的公共和私营部门，还包括一个接纳不同观点的公共部门，这并非偶然。在我看来，这种多方采纳的做法源于美国人特有的不相信权威——尤其是可能拥有广泛控制权和影响力的权威的态度。尽管这种做法经常被视为一种共识，但实际上美国大学的转型过程并不一致，形成了不同类型院校的大集合，从而构成了美国高等教育体系。

在更广的范围里，即使有人认为自由主义（私有财产、理性、进步和个人自由）的义务是所有美国机构运作的最高约束，自由主义也有许多不同的版本。我个人的观点是，美国自由主义最基本的义务是围绕私营市场开展经济活动。在最有利的条件下，这种方式既有利于个人自由和发展，又增加了国家财富。反过来，私有财产权被视为确保市场有效运行的必备条件。然而，关于如何判断市场失灵及如何应对的争论依然存在。同样地，关于高等院校显露出的缺陷及如何修正也存在争议。

当我们试图理解内战前大学的转型历史时，我们自身亦处于一场信息革命之中，这场革命必然会改变信息创建、过滤、类别指定、保存、清除和储存的方方面面。这场革命无疑将以我们今天难以想象的方式影响美国高等教育。不仅如此，为实现信息革命而建立的机构和体制安排可能与我们今天理所当然认为的完全不同。在19世纪，大学是为后代保存文化遗产和描绘科学及社会全新未来的最主要机构。在未来几十年里，大学会继续发挥这种作用吗？新的技术环境下会出现一套不同的制度吗？

19世纪末并不是美国高等教育转型的最后时期，在20世纪，美国的大学和学院经历了一场令人眼花缭乱的蜕变。高等教育发展速度远超预期，高等教育与社会的联系更加多样化、复杂化，各州对高等教育的影响力显著增强。古老院校不断扩张和变革，新兴院校不仅满足了人们日益增长的接受高等教育的需求，而且拥有实现新目标所必需的学术领导力。在某种意义上，20世纪见证了高等教育从精英体制向大众体制的转变。然而，列宁、温斯顿·丘吉尔、约瑟夫·斯大林、富兰克林·罗斯福、阿道夫·希特勒、西格蒙德·弗洛伊德、阿尔伯特·爱因斯坦、弗朗西斯·克里克和詹姆斯·沃森所在与冷战发生的世纪即将落幕。人类境况面临着新的挑战：人口增长、国内和国际收入分配、新型传染病、新的通信方式、环境问题、新技术、全球化力量下的政治和文化分裂，以及帮助我们更好理解人类经历的理性所面临的挑战。事实上，很难不产生这样的感觉，那就是我们即将迎来另一场革命。

第三章

人文教育、自由民主和大学之魂

> 我认为，一个接受过人文教育的人应该是这样的：他年轻时受到的训练可以使其身体服从自己的意志，就像一台机器一样轻松而愉悦地从事一切工作；他的心智好比一台敏锐、冷静而有逻辑性的引擎，每个部分能力相当，有条不紊地运行着；他又如一台蒸汽机，待于效力各种工作，纺织思想之纱，铸就心智之锚；他的大脑中充满着知识，既有关于大自然的重要真理和知识，也有自然界运行的基本规律；他并不是一个不正常的苦行人，他的生活中总是充满生机和热情，但他的激情永远受制于强大的意志力和敏感的良知；他学会去热爱一切美好的事物，不论是自然之美还是艺术之美；他憎恨所有的丑恶，并做到尊人如待己。
>
> ——托马斯·亨利·赫胥黎（1934）

我希望此章能够解决一些长年累月形成的碎片化问题，这些问题扭曲了我们的共同认知，从而阻碍我们认清人文教育的演变、本质、作用及其与职业教育、道德教育和自由民主之间的关系，让我们对谁有责任保护大学之魂一无所知。尽管这些问题很重要，但在关于美国当前和未来高等教育状况的国家话语中，很少提及它们。目前，它们作为主题争议问题的背景而存在，这些争议问题包括平权行动政策的适当形式以及在线学习和长远性问题（例如教学与研究之间的紧张关系、研究成本的公平分配、总费用、学费水平和访问权限）。这些仍然是至关重要的问题，我和其他人已多次解答这些问题。我们常常忘记美国研究型大学的社会功能是建立在启蒙运动的基础之上，而且美国研究型大学的持续活力依赖于美国社会对科学美德、技术进步、自由民主政治、信仰自由以及道德和政治多元化的不断追求。

我的整体观点可以简单概括如下：首先，虽然人文教育仍然是我们国家高等教育的一个重要方面，但它并不是一个定义明确的概念。换言之，它只会间接地与过去几十年间的各种课程有关。事实上，我们很少将人文教育的两种角色区分开来，一种是以特定的方式组织知识的课程，另一种是在多元自由民主中支持我们理想公民身份的媒介。各级学习者都需要新的范例和实践。如果我们要阐明一个新的组织理念来指导人文教育的发展，我们必须首先明确其意义和目标。其次，目前本科教育与研究生教育和专业教育被硬性分割，这是相当不明智的，将会对人文教育和专业教育的应有目标造成破坏。事实上，人文教育理念所带来的学习经验使公民能够理解相互关联的社会、道德和职业责任。这种观点对高质量的专业教育以及艺术和科学教育至关重要。最后，所有这些人文教育理念及人文学习都与自由民主的本质联系在一起，后者为我们的生活提供了政治和社会结构。

民主制度可能是最难实施的政治形式之一，因为它需要所有公民承担政治责任。在理想的状态上，自由民主要求所有公民都具备良好的文化意识和批判性的判断能力。进一步的民主需要一定程度的参与，承担责任，尊重不同观点，有道德意识，尊重他人，追求某种平等、信仰自由和程序正义。对我而言，人文教育与我们希望维持的社会本质直接相关。当我想到教育时，我会想到我们所设想社会中的理想人文类型。我们所教授的内容或是我们学生所学的内容都不重要，真正起决定性作用的是他们会成为什么样的人。因此，我们必须首先思考什么样的人、什么样的技能以及什么样的目标应该成为此类社会的特征，然后再研究什么类型的教育或学术计划有助于实现这些目标。否则，教育就不是全民的教育，无论其对个人的价值如何，都不值得公众支持。

人文教育有一个特别重要的性质，就是能够培养我们在面对不同信仰时，以和平的、相互同情的、支持性的方式共同生活的能力。面对这一特殊挑战，我们提出了一些被广泛接受的规则，以解决关于世界经验状态的争论，同时也认识到我们消除社会和道德分歧的机制尚不完善，急需不断发展。事实上，我们面临的许多重要问题的最佳解决方案都无法确定。因此，当我们努力建立一个更美好的未来时，模糊性、不确定性和焦虑感将会一直是拦路虎。

当代科学事业的卓越成就推动着我们对自然进行探索，同时也减少了我们对自然的畏惧之感。它鼓励我们相信自己制造产品的能力，这些产品既控制环境的各方面，又满足我们的各种需求。不论正确与否，这种信念都会产生副作用，它使我们误以为生活中的挑战都具有完美的解决方案，无论是在个人层面还是公共政策层面。实际上，尽管近几十年来取得了非凡的科学成就，但我们几乎并不了解自己或者不清楚我们将要成为什么样的人。鉴于世界经验状态以及我们的分歧和道德哲学的不确定性，如何定义我们对其他人的道德义务将是一场旷日持久的、具有争议的问题。

事实上，不管是高等教育体制内还是体制外，我们的道德和政治责任、我们必须服从的人以及在哪些问题上需要服从都在困扰着我们。例如，我们不确定高等教育中谁有权决定院校的性质和课程，或者对这种权力应该加以怎样的限制。我们美国人不仅没有从道德上可接受的方式出发，就各种高等院校的结构和目标达成共识，而且也没有强烈的愿望去寻求这种共识。相反，我们依靠不同的策略来反映不同的观点，这些策略减少了关于教育事务的直接冲突。人们认为这种典型的美国战略可以保护我们的行动自由权和选择权，甚至可以促进社会公正，提高社会效率。显然，它并没有消除所有的冲突，因为高等院校和其他重要的社会机构一样，无法无限切分。

一、人文教育：何为"人文教育"？这是一种新型教育还是古已有之？

近两千年来，高等教育领域许多有思想的教育工作者、学者和公民对人文教育的理念表现出极大关注和热忱。事实上，很少再有教育理念像人文教育这样，能吸引如此多的追捧者而且使人们争议不断，甚至比"持久力"这个词还持久。几个世纪以来，教育工作者、学者和公民在广泛的政治、社会和文化范围内，敦促学院和大学履行其责任，提供能够满足人文教育必要条件的课程。我们的知识储备持续大量增长，且"自由"的内涵不断变化，因而这种对教育理念矢志不移的虔诚更加令人赞叹。

尽管"人文教育"这个术语很古老，甚至已经过时，但当代人似乎都接受了纽曼大学的观念，认为人文教育是一种没有任何结果、意愿或目标能超越的教育形式。这似乎与柏拉图对其学院的想法非常接近，即柏拉图学院处理的事务与生活中的日常事务不同。据我所知，纽曼大学的这一观念可帮助学生塑造个人品质，包括自我认知，以及对所肩负责任的判断力。这一观念至少具有将人文教育与专业教育区别开来的巨大优势。

同样值得注意的是，纽曼和之前的洪堡一样，提升了艺术和科学院系的声望和地位。对于洪堡而言，这主要是由于学科的重要性日益增加；而对于纽曼来说，文科人文学习仅仅是教育的一个更重要的方面，而不是各种专业学校里更实际、更专门的活动。纽曼将神学视为一种特殊情况，明确地将知识与信仰分离。纽曼所主张的这一分离旨在捍卫科学家的神圣领域。在纽曼的时代，更常见的是将神学视为一种知识形式，尽管这两者是分开的，但神学在质量上与其他形式的知识相差无几，并且同样可用于人类概念化。然而，正如我所指出的那样，接受纽曼的这一主张导致一个越来越世俗的大学实际上放弃了神学。事实上，随着时间的推移，人们不再强调教育的道德教化义务，而是注重教育的客观性，这种观念无论好坏，都大大提升了学科的地位，并给予其更强的独立性。

即使希腊人有几种不同的教育方法，但是他们仍能阐明文科的基本组成部分：一部分以文学为主，一部分专注于寻求真理和新认知，还有一部分重在培养称职的公民领袖。"septem artes liberales"（七门自由艺术，即语法、修辞、逻辑、算术、几何、音乐和天文，简称"七艺"），这一短语就是罗马人发明的。然而，这并没有使罗马教育工作者采用基于这些课程内容的连贯课程体系。实际上，罗马社会还有一些高等教育方式，其重点各不相同。西塞罗认为，教育课程不应遵守任何严格的规则或统一适用于所有人。在托马斯·阿奎那看来，除了"七艺"、自然哲学、道德哲学和形而上学之外，中世纪晚期的欧洲也存在人文教育。然而，随着时间的推移，人们逐渐确立了人文教育的其他目标，例如将个人从思想权威中解放出来，无私地寻求真理，追求不同观点，追求个人发展和完整性及其理性力量。随着时间的推移，社会对教育的需求也不断扩大和发展，所以自然而然地，人文教育也在不断发展。

因此，古希腊和古罗马时期的古典社会、文艺复兴时期的欧洲社会、19世纪的欧洲和英国以及殖民地和当代美洲，都对人文教育的目的有着截然不同的理解。这些不同的理解通常反映了当时的学术争鸣和文化义务（如希腊文化 vs 基督教、理性 vs 启示），以及对新智慧的来源和高等院校的作用的独特观点。最重要的是，人文教育的概念可以追溯到古典时期，而对其结构和目的的争论也是如此。事实上，对人文教育理论和实践的替代方法的讨论造成了近两千年以来对教育思想的争论。这一争论在古希腊文献（如智者派与学者派的对立）、《旧约》的智慧文学、中世纪和现在的一些资料中有所记载。幸运的是，这种持续的紧张局势通常是一个健康的迹象，表明高等教育正在应对重要的社会和政治变革。

尽管这些争议、变革历来都存在，但追求一种至高无上的人文教育仍然是大多数高等院校的信条。这种对人文教育持续不断的追求是建立在"不断扩大"这一词所包含的思想群体之上的。现如今，有思想的教育工作者用这个庄严的术语，涵盖了此领域的所有内容，包括从对各经典文本的研究到对某一人文主题的深入研究。目前，文科学科目录已经扩展到了"三艺"（"七艺"的前三科，即语法、修辞和逻辑）和"四术"（"七艺"的后四科，即算术、几何、音乐和天文）之外，其中包括所有新兴学科。然而，至少在一些学术界，将理论和实验科学纳入该课程仍然不够充分。对于一些人来说，取代了古典课程、近乎呈垄断性的文学和哲学仍然保持着特殊的地位。无论如何，"人文教育"这一标签既适用于教育课程中的必修课，也适用于选修课。它结合了各种各样的教学法，有的教学法强调广泛教学，有的则强调在某一领域深度教学。所有的这些方法都声称自己是"一种人文教育"。当然，最终的判定标准不是我们教了什么内容，而是学生学到了什么内容、成为怎样的人。

因此，尽管人文教育的概念继续作为一种使我们许多人团结在一起的信仰而存在，但它常常掩盖了教育哲学、学习理论和教育目标之间的重要差异。也许我们的主要失误就是在这个问题上刻意制造一套说辞，让人们以为好像不曾有变革和争议，好像每个人都只有一个合适的课程。其实从来没有一个"正确"的课程，而且鉴于快速变化的外部环境和内部意愿，我们希望在未来继续探索各种可能性。

近两千年来，唯一一个不变且明确的组织思想是，文科课程旨在补充狭隘的技术或专业教育的教育目标（通过熟悉我们的文化遗产，读懂我们自己，理解美德的基本概念以及掌握数学和科学的基础内容），并帮助创造某种类型的公民。当然，在实践中，专业和文科课程重叠，公民的有关概念也在不断变化。

显然，人文教育的希望和宏愿，总是与我们对人类状况的本质和我们希望维持的社会基本信念直接相关。事实上，认真思考教育就是为社会培养理想的人类。因此，教育改革始终是一种社会的抗议运动。下面将列举一些非常广泛的历史案例。

近两千年前的基督教高等教育着眼于各种重要文本，主要是《圣经》和相关评论。然而，在12世纪，这种传统受到了智者派经院哲学的挑战，而后又被柏拉图和亚里士多德所强调的逻辑和理性所取代。到了14—15世纪，经院哲学被我们现在认为的文艺复兴时期的人文主义所取代，后者将高等教育的重点转向基督教伦理学中的修辞学。中世纪的教育研究（甚至是英国文艺复兴时期的教育，有一种更人性化的氛围）并不是因为学者自身想了解或阅读经典，而是因为这种研究必须符合经济、宗教、政治和其他公民需求。文艺复兴时期的人文学科主要是对当时形而上学和自然哲学的批判，改革者认为其未考虑人类状况的本质。美国殖民地学院采用的人文主义课程侧重于修辞、语法，以及阅读、记忆和解释某些被认为反映并鼓励适当美德的"规范"文学和神学文本。然而，在欧洲，17—18世纪科技革命的号角已经吹响，它将高等教育带回了学术传统的方向，强调逻辑和数学推理。

新的人文教育理论和方法，通常是被积极信念以及对现有教育计划和人类状况的不满激发出来的。如果我们的教育课程需要新的价值观，那可能是因为我们认为社会有相同的需求。例如，希腊人花费了大量时间来了解他们的新文化/政治环境，以及如何通过一个课程体系使其传承下去，而这个课程体系重在培养自由公民所需的技能和美德。同样，殖民地学院的创始人重点关注节制、正义和勇气等美德的传承，他们相信这些美德将保留西方文明的精髓。这种态度定义的课程，与弗朗西斯·培根关注的课程完全不同。例如，培根认为，新知识才是立足点，具有改造和启示的力量。

我不会，应该也没有人声称已经为人文教育确定了最合适的课程。即使在特定地点的短暂时刻，也从未达成过这种一致。此外，这种争论倾向于关注手段而不是目的，它们忽略了重点。重点应该是：学生学到什么，以及用何种特定方法服务于我们在这个时代努力创造的社会利益。人们很少谈及一种永恒或完全独立于环境的人文教育，这与自然法的主张（一定的权利因为人类本性中的美德而固然存在，由自然赋予）不同。在这方面，我所能做的就是尽力找出我认为对我们这个时代极为重要的人文教育的某些特征。

现在，我对这个问题的意见应该很清楚了。我将美国的人文教育与当代西方自由民主国家的特殊教育需求联系了起来。人文教育的形式也可以满足其他社会类型的需要，但我将这个议题留给其他学者思考。在我们自己的社会中，必须认识到两个相当特殊的特征。首先，我们应该回想一下，几个世纪以来，一个拥有大量院校的社会是多么不典型，这些院校既对抗又平衡了国家的权力，而且这些院校通常受到国家保护和财政支持。从历史的角度看，国家防止院校过于极端地操控权力和真理的想法是十分新颖的。

另外，虽然许多人声称，人文教育的历史传统强调的是我们共同的人性，而不是特定个人或群体的独特需求，但当代西方自由民主国家的发展不仅强调确保个人和小家庭权利，而且还可能为保护群体权利制定宪法，这一额外的目标无论多么合理而重要，它可能还是会难以达成一个有凝聚力的社会所要求的统一意见。在一个框架（其中许多不同类型的群体拥有某种群体权利）内定义个人权利，会使得许多事情越来越困难，例如保护个人权利。

西方自由民主国家的这些特殊条件，都需要特殊的人文教育方法，它们包括以下相互依存和重叠的必要条件。

（1）我们必须发现和理解前人的优秀传统思想（后面会讨论到），这些思想向我们展示了前人的思想、心灵和行为。无论是我们自己还是我们所处的时代有多么的独特，我们都是更博大、更深层次的人类经验的一部分。我们的独特文化可能只是历史上的意外事件，但如果我们忽略了它们就会造成对持续发展潜力的巨大威胁。无论我们的前人存在怎样的缺点，有多少缺点，他们成果所剩多少，只要我们不神化这种有价值的遗产，它们仍然是灵感和认知的重要来源。

（2）我们必须将思想和心灵从未经考虑的义务（所有类型的权威）中解放出来，而去思考提升我们自己的生活或人类状况的新的可能性（包括新的"权威"），这需要我们对那些与我们截然不同的人树立同情心。换句话说，我们不能允许个人拥有太多满足自身欲望的自由，因为这会导致反社会的人出现，也不要求人们为共同利益做个人牺牲。

（3）我们必须让所有有思想的公民为选择独立、负责任的生活做好准备，这种生活选择能够解读事物和人民的联系，也能解读使我们的前景蒙上阴影的巨大不确定性。这些公民能够区分符合逻辑和不合逻辑的论点，理解我们所尊重的多样性的含义，并做出道德和政治选择，使他们的个人和集体生活更有意义。在一个血缘关系、宗教规则非常严格，以及传统上为社会秩序服务的威权统治已经失去影响的世界中，个人责任和内部控制显得越来越重要。

如果人文教育鼓励并使学生能够区分自身利益和集体利益、多愁善感和深思熟虑、学习和想象，以及了解知识的力量和局限，那么人文教育也是有所帮助的。此外，所有学习都需要通过人类的想象力去激发（例如，我们想要的文化类型），需要借助人类状况的历史经验主义来推动。对于后者而言，当前的思考很重要，例如，在一个科技和私人市场地位凸显的世界，思考科学事业的最终目的，关注人类生存的意义。

我认识到这些特殊条件和标准与一系列的概念、制度密切相关，而这些概念和制度又和自由民主有关。它们尤其鼓励人们设身处地去理解，为我们的个人和集体生活赋予意义的不同社会安排和文化经验，并对其进行批判性评估。在我看来，人文教育像自由政治一样，必须以宽容和自由为己任。它必须接受人类状况的模糊性，并接纳最广泛的人类思想和经验。然而，正如中立国家难以接受极端思想一样，一门课程并没有规定性内容。正如自由民主需要追求美好生活的一些理念，人文教育必须以教育义务和价值观（如宽容和自我克制）为基础。

在谈到人文教育或自由政治时，我们还必须在特定的时间和地点区分理想的和现实的实践。尽管目前人们已极度开放和包容，但人文教育有时还是被当作异类。自由主义政治也是如此。

最后，对自由政治和人文教育都必须通过这样一种认知来调节，即持不同看法的公民可达成共识，但不论它们多么有意义，共识都是有限的。最终，确保整个企业生存所需的价值观不能充分表达所有的道德义务，一些声音将不可避免地受到压制。自由主义思想总是要面对宽容与确保集体生存所必需的社会团结之间的矛盾。

自古以来，公民身份一直由一系列权利和责任所定义，这些权利和责任决定了个人与国家之间独特、互惠和无媒介的关系。当然，这些权利和责任的确切性质，随着时间的推移而发生了显著变化，但在西方自由民主国家，个人权利、个人归属感以及个人对其同胞和国家的责任感应是重要因素。不知何故，尽管一直都强调个人的自主权，但有时国家本身也被认为是一个政治和道德实体。实际上，目前许多公民似乎通过成为特定群体的成员来实现他们的认同感和归属感。当时的问题是如何以一种给予这些归属感适当的甚至是宪法上认可的方式，来构建自由民主。例如，我们如何保护群体中产生的权利？尤其是在群体的道德和文化传统与整个政体完全不同的情况下。这些问题使自由民主国家面临极大的挑战，但如果我们确实希望将多元文化主义更充分地纳入我们的政治生活（努力消除对社会主体的"偏爱"，不再只关注大多数人的利益与社会认同感），我们的教育目标——包括我们可能在"人文教育"一词中想表明的含义——将会改变。

启蒙运动带来的自愿允诺、理智和真理尚未完全驱走一部分的压迫和强制，世上没有解决这些矛盾的简单方法。这个问题与民主概念一样古老，我们能做的就是继续探索这些问题所产生的界限，尊重那些持不同意见的人的立场。

我所提出的课程标准与根本性的自由主义观念紧密结合，观念包括个人自主权和个人重要性。此外，课程标准也与找到更好的方法来尊重差异和拒绝统治的希望有关。这并不是每个人都有的义务。然而，对我而言，它仍然——与司法和政治制度以及旨在赋予其作用意义的许多民间组织一起——最大限度地保障了我们实现和维持人类愿景的能力。像自由主义政治这样的人文教育，与过度的民族主义和民族自我主张不同，可以起到团结而不是分裂我们的作用。

二、道德教育

人们越来越担心当今社会公共和私人生活中那些缺乏原则的、不负责任的行为。人们呼喊道，到底是什么使共同义务和相互理解产生了变化？而它们形成了错综复杂的网络，其作用本应是把我们团结在一起。这种担忧的源头很容易找到。例如，在学术界，学生、教师和管理人员并不经常履行维持和丰富学习群体的价值观这一共同义务。此外，由于不同院校及其角色和责任的界限越来越模糊，许多院校甚至无法确定他们的利益和义务之间的冲突。在一个没有哪一种价值观占主导地位的多元化世界中，总会存在一些问题，如到底谁的道德价值观应该在特定情况下占主导地位，或者我们应该如何看待他人的各种利益和义务。协商是我们共同生活能力的核心，它为大学提出了一些问题：德育应该在大学课程中占据什么样的位置？大学以道德方式履行社会责任的基本原则和行为准则是什么？

自美利坚合众国成立以来，道德教育在高等教育课程中的性质和作用问题一直都很棘手。随着时间的推移，教育工作者一直在努力平衡宗教信仰与理性主义、个人利益与集体利益、个人自由与集体价值之间的紧张关系。目前，许多人希望在个人自由、私有财产、市场竞争与正当程序的义务和自我约束之间，在集体观念、社会正义问题和公共义务之间，寻求新的平衡，许多有思想的观察者正在寻找第二对矛盾的解决方法，以便遏制他们认为会使社会秩序日益涣散的东西。在市场力量比以往任何时候都更占主导地位的时代，我们必须提醒自己，即使私有财产和市场竞争是满足我们物质需求的有效方式，它们也可能不会产生道德上可接受的解决方法。实际上，任何单一的权力来源，甚至是市场，都可能导致某种道德暴政。

早些时候，美国大学和学院的学生和教师都要求学校董事会和校长确立一种道德共识，这令许多人安心，而被排除在这种共识之外的大部分人却并不感冒。虽然我们一定不能重蹈覆辙，但在我们解决当代道德问题时，历史可以为我们提供有价值的传统和见解。大学应该继续通过其行为和计划发挥作用，帮助我们赋予生命和道德意义，帮助我们理解"黄金法则"的当代意义和约束个人行动自由的道德意义。它还应该有助于教导我们接受不可避免的焦虑，这种焦虑标志着一个道德和多元化社会的特征是民主和变革。因为我们选择了多元主义和代议制政府，而不是道德正统或极权主义这样的其他解决方案，所以我们面临着一个特殊挑战，即社会并非完全因类似于占统治地位的宗教或亲属关系的东西凝聚在一起（如政治和社会的脆弱性、自由常常会引起的过度行为）。面对这些挑战，当代大学需要保持一定程度的道德审查和对现有分工的批判心态。特别是因为许多大学生最终能够行使权力和影响力，促进学生道德发展可以改善国民生活。至少，大学在一定程度上有助于学生理解为什么邪恶和善良并存，以及如何更加关注我们的道德义务才可能有助于我们阐明分歧，甚至如何避免不必要地发起包括战争在内的有组织暴力。

在过去的几十年中，道德哲学领域出现了实际的复兴，其中几乎所有的知识型领导人才都是大学教师。然而，尽管这种复兴大大增加了我们对道德选择的理解，但它几乎没有减少我们社会中存在的道德争议问题的数量以及对于这些问题的焦虑。在某种程度上，这是因为我们面临着许多新的道德选择，或者因为我们无法就价值、权利与功利主义方法的相对重要性达成一致，或者因为我们尚未解决许多旧问题。事实上，对各种真实说法的怀疑只增不减。

通常，由于各种原因，当代大学并没有直接解决学生的道德发展问题。在某种程度上，他们犯了这样的错误：将道德与宗教观点等同起来，或者将道德理解为对娱乐活动的禁止，或者将道德视为私事（一种特别错误的想法），或者认为道德只跟家庭和其他社会机构有关。在某种程度上，他们担心任何有组织的道德教育计划将不可避免地引发一场道德整合运动，从而破坏作为大学事业核心的开放、辩论和自我批评原则。

然而，我们必须记住，我们国家许多未来领导人的大学经历将影响他们的道德发展，从而影响他们作为领导人的道德判断和行为，这种判断反过来会影响他们公共和私人生活的所有方面。我们无法逃避这样一个现实，即我们所有人都与那些行使权力的人共享一个道德世界。当然，我们的学生应该认识到，任何人都会面临道德选择和判断的焦虑，任何一种行为都涉及一个不可避免的判断，这时，我们必须考虑目的、手段、后果以及我们对美德的特殊理解。在一个注重自主的社会里,这就是最重要的主题。此外,尽管美国研究型大学对新知识不懈且高度成功的追求是其活力和道德权威的关键来源,但这些新知识也产生了一系列全新的道德困境。因此,大学需要扮演好它在学生道德发展中的角色。

事实上,不管大学是否选择直接解决学生道德发展的问题,学生们至少会继续遵守现行的规范。他们将通过观察院校、教职员工和同学的行为,来学习何时应考虑他人利益,并接受对自己行动自由的一些限制。他们还将学到何谓信仰,明白自己努力的方向。在大学环境中,行政部门和教师的行为在这方面起到了很大作用。

因此,我认为教师和大学有责任至少做以下两件关于学生道德发展的事情。首先,他们必须帮助学生理解其作为道德社会中的成员的道德责任问题,以及在制订道德行动计划时必须考虑的因素。他们必须认识到这样一个问题,即是将道德概念视为永恒的、易于理解的概念,还是认为它取决于特定的历史、文化、前人美德和传统。此外,他们应该培养学生理解关于道德行为的理念,这些理念要么内涵丰富("丰富"),要么只用于一般的道德行为模式("单薄")。有大量的文献谈及道德判断在私人和公共领域的作用,以及以道德方式展现的复杂的道德考量。本篇特别关注那些担任领导职务的人的责任。道德不能像马基雅维利[①]有时提到的那样局限于私人生活,也不能像霍布斯所说的那样局限于国家利益。至少,我们可以防止道德被斥为一套方便但自私的政治口号。许多观察家称赞19世纪的德国大学是美国研究型大学的灵感来源。然而,很少有人记得,19世纪的德国大学的远见卓识,除了传授知识和技能以及发展新知识之外,还包括培养学生品格。在我看来,一种狭隘得多的理

---

① 马基雅维利,意大利的政治哲学家、思想家和历史学家,他认为人类总有填不满的欲望、膨胀的野心,总是受利害关系的左右,趋利避害,自私自利。因此,利他主义和公道都是不存在的,人们偶尔行善只是一种伪装,是为了赢得名声和利益。

智主义正在不断构成威胁，妄图取代更人性化的大学理念。我们可以通过认真对待道德发展来消除这一威胁。

其次，管理人员和教员必须记住他们自己的行为可能会对学生的道德发展产生重大影响。学生会观察自己是否受到公平对待，会观察大学的规章制度、管理和对待员工的方式体现了哪些价值观。学生还会观察大学与社区的关系，教师和行政人员的忠诚程度，以及行政官员是否信守承诺，是否捍卫公开且引人深思的讨论的价值。我们对别人的观点有多宽容？我们对学生的反馈有多细致周到？这种反馈是一种真实的评判，还是仅仅只是惩罚？我们的教职员工和管理人员允许我们的个人自由压倒所有其他价值观吗？我们是震慑、屈尊对待我们的学生还是唤醒他们的意识？我们的项目是否帮助学生进入内部思考和反思的世界？当学生观察教师、行政部门和管理委员会的行为时，他们会从我们的行动中判断我们是否充分考虑了他人的利益。观察者通过自己深思熟虑后的判断，辨别出大学是启蒙的象征，还是将特权视为美好社会的特征。

下面我将指出高等教育领导人日常关注的一些领域，他们可以而且应该在这些领域发挥道德领导作用。

（1）应该以什么样的标准判断谁有资格被某所大学录取？这种抉择究竟为谁服务？

（2）大学应该教什么？在这个抉择中到底保护了谁的利益？

（3）一所大学应该如何对待它的学生和教职员工？为什么要这样对待他们，而这些决定恰恰符合谁的利益？

（4）大学应该把主要精力集中在传播知识和美德上吗？如果是的话，这一决定究竟符合谁的利益？

（5）大学应该继续关注道德焦虑而不是道德规范吗？为什么要这样做？在做出这一决定时究竟保护了谁的利益？

（6）大学应该支持"好作品"吗？为什么应该这样做？确切地

说，是为了谁的利益服务？

（7）学术界成员应该遵循什么样的规则（如果有的话）？其理由是什么？为谁的利益服务？

（8）权威在大学里扮演什么角色？谁来决定这一点？确切地说，结果为谁服务？

（9）在教职员工的工作付出方面，怎样在内部义务和外部义务、教学和研究之间找到平衡点？这些决定最符合谁的利益？

这个说明性的清单还有很多可以补充的。重要的一点是，高等教育的领导者可以同时发挥道德和知识的引导作用，阐明大学为什么做出选择，以及这些选择旨在为谁服务。

在这种情况下，我不能回避这样一个问题：道德教育应该在课程中发挥什么作用？这个问题引起了很多分歧和极大的不安。最大的不安是害怕被视为建立某种道德正统。许多人认为，由院校来决定应该教授什么样的伦理或谁的伦理不再合适。尽管这种关切是合理的，但不应阻止我们直接解决这个问题。为什么我们的课程不能给学生提供一个机会，发展他们识别和分析道德问题的能力？问题的不确定性并不妨碍教学，所需要的只是对替代品进行仔细评估。即使我们没有现成的答案，道德问题的讨论也很重要。显然，复杂的道德推理①不是道德行为的替代，但它是一个必要的开端。如果我们把这种能力与对许多道德上模棱两可的境地的理解，以及对民主和关心他人的长期义务结合起来，我们将会取得很大成就。最重要的是，我们希望帮助我们的学生重新审视和支持那些认真对待义务，在国内外促进和平、正义的公共人物，而不是指责他们是急于牺牲我们国家利益的道德家。我强烈地感觉到，是时候让我们的社会不要再为错误找借口，不知羞耻了！

因为我主要研究经济学和公共事务，所以我想举一些实际的例

---

① 道德推理指的是在某种情境下推论是非对错的过程。

子，说明如何利用课程中经常涉及的公共政策分析来确定和澄清道德问题。我举的例子包括经济不平等和全球化。

三、经济不平等

近年来，人们对美国收入和财富不平等日益加剧的意义和后果进行了大量讨论。没有争议的基本事实令人非常吃惊。

（1）过去 30 年里，尽管有一些短暂的上下波动，但支付给所有工薪阶层的小时工资几乎没有变化。

（2）近几十年来，穷人的家庭收入比其他人的家庭收入增长慢得多。事实上，家庭越富裕，收入增长越快。这种模式与二战后几十年形成鲜明对比，当时低收入家庭的财富增长更快。

（3）与其他发达的工业化国家相比，我们不仅在收入、财富和教育方面变得更加两极分化，而且这些因素的国际流动性也可能更低。

这些事实应该引起公民和公共政策制定者的注意吗？对于许多人来说，我想答案是肯定的。第一，我们应该不断地对收入、财富和教育的现有分配是否符合我们的社会正义感抱有疑问，特别是低收入家庭或个人的福利和命运。第二，我们需要理解这种状况的社会、政治和经济影响，以及对公共政策的影响（如果有的话）。这很简单，但是当我们开始思考这些问题时，就出现了许多困难。首先，对于如何判断特定社会中利益和负担的合理分配，存在着不同的标准。例如，利益和负担应该通过已被证明的需求、价值、私人市场的运作或一些实用的计算来平均分配吗？其次，我们知道，无论如何定义，收入和财富不平等都有消极和积极的特征。从积极的一面来看，经济不平等可能会导致高水平的人力资本、储蓄、投资和创新，这可能会使社会所有成员更富裕。从消极的一面来看，由于存在歧视、某些人手中生产性资产的不公正积累或其他因素，收入的分配可能是不公正的。无论如何，一定程度的不平等可能导致各种各样的反社会行为，并损害社会团结，而社会团结是任何一个运转良好的社会所必需的。

公共政策的适当反应取决于两个富有挑战性的方面：我们需要什么样的社会正义，以及对世界经验状态的信念。然而，在这两个关键领域，不确定性和模糊性占据主导地位。不同的社会公正理论产生了关于资源最公正分配的不同观点，这些不同的理论处于一种平衡状态，没有一种理论处于主导地位。此外，经验评估在经济影响方面存在很大差异。例如，在美国，新的公共政策举措大都将财富从高收入家庭转移到低收入家庭。因此，虽然有些人认为布什总统的税收提案是又一个未分配给富人和不值得分配的红利，但其他人认为它们是让每个人都更富裕的政策。

无论我们对这些问题的感受有多强烈，我们都必须认识到不确定性不仅仅涉及自由、正义和效率之间的最佳平衡，还涉及哪一条是实现这一目标的最实际途径。美国日益扩大的贫富差距挫伤了我的社会正义感，而且我相信，会给我们所有人带来负面影响。我认为应该尽快采取一些有意义的措施来挽救这种情况。然而，我也必须认识到，无论是从经验还是从社会公正的角度来看，情况都是相当复杂的，如果相对立的证据逐渐积累，我必须准备调整我的观点。此外，决策者还必须面对代际平等问题，这一问题侧重于我们国民收入的适当分配或再分配。我把这个问题的讨论留到另一个方面来谈。

对于那些有责任在这个舞台上真正选择行动方针的人来说，无法避免努力创造一个更美好世界所带来的痛苦。对于那些即将毕业却不了解大多数决策的大学生来说，无论是私人生活还是公共生活，都充满了模糊性和不确定性，他们对于家庭、职业、社群以及社会的领导毫无准备。我现在要谈谈我的第二个例子，关于全球化的含义。

四、全球化

全球化不仅仅是一个经济学问题,它的全部意义远远超出了国际贸易、比较优势和汇率等问题。例如,全球化现象明显加剧了收入不平等的问题。全球化模糊了实际政策与国际经济和政治政策之间的界限,直接提出了一个大问题,即需要建立什么样的新政治政策和宪法,以便在我们新的相互依存关系中促进和平、正义、多元化,建立自由的世界。此外,当今全球化的性质使我们感到天涯若比邻。即使在公共卫生领域,全球化也很重要,因为长期以来疾病一直伴随着商品、服务和人在全球蔓延。

全球化释放了各种各样的力量,这不仅会在许多社会中促成重要的体制变革,而且会使各国的布局变得更加相似。因此,全球化不仅会对各种各样的政治、文化和社会制度产生重大影响,还会对社会发展赋予其集体生活超验意义的人类叙事产生重大影响。因此,全球化时代给我们带来了一系列新的道德挑战。

应对这些新挑战需要对世界的经验状况有更好的了解。下面我具体谈一谈。在人类历史的大部分时间里,地球上不同地点的社群几乎可以被视为生活在不同的世界里。他们彼此不需要有什么关系或相互认可,同时发展了不同的语言、文化和传统,包括对彼此的义务或道德责任的不同理解。就大多数目的而言,一个社群的活动对其他社群影响很小或没有影响。自从地理大发现以来,特别是最近几十年,这种情况已经改变。越来越多的环境问题、新的相互依存的经济体、新制定的普通法,以及国际和国内冲突的缓慢瓦解,都证明了这种广泛的转变。今天,我们必须假设我们的许多行动对其他社群有重大影响,我们比以往任何时候都更加紧密地团结在一个由各种各样的传统和对许多道德问题持不同观点组成的道德共同体中。在这个新环境中,我们被迫考虑或重新考虑事关本国公民利益的伦理优先次序。

很早以前,人类必须学会区分他们的主要监护人和其他人。人类状况要求年轻人有相当长的时间完全依赖他们的主要监护人,这意味着他们不仅要学会区分他们的监护人和其他人,还要养成对监护人的"偏爱"。尽管如此,即使是在特定的文化传统内(当然也超越了该传统),幼儿对他们的首要监护人的这种必要"偏爱",对培养其对更广泛群体的信任造成了障碍。慢慢地,相互产生感情的人们会越来越多,从而形成一个越来越大的人际圈,但这个人际圈的扩大往往是缓慢而有限的。一个国家甚至是国际群体内,人们应相互承载各自的责任,那么我们应如何维持这样一个大集体呢?当想象旨在将多种多样的道德传统汇集成一个道德共同体的道德体系的性质和结构时,确定一系列相互的权利和义务,可能比商定一套共同的基本原则更容易。尽管缺乏基本原则会使处理、解释不可避免出现的问题变得非常困难,甚至不可能,这项"更容易"的任务已是一项巨大的挑战。另一个挑战是确定保障权利和履行义务的可取战略。

这种情况给国际司法带来了新的困难,即使在多元主义国家,我们也尚未解决这样一个问题,即如何在维护某些群体权利的前提下尊重各种群体传统,同时确保每个人的个人权利得到尊重。

最后,全球化的深度似乎在无情地增加,这要求我们重新审视一种主张,即找到一种普遍的道德准则并最终被每个人所接纳。事实上,我们现在需要解决以下问题:在每种道德观都有其自身的文化和历史背景的前提下,全球化可以或应该在不同的道德观背景下进行到什么程度?我们能分享的道德义务是否有限?如果是,它们是什么?我们能采用同样类型的道德推理吗?这些问题以及类似的问题还没有得到回答,但是它们对我们所有人提出了严峻的挑战,并且大多数都利害攸关。我有这样一个乌托邦式的希望:全球化时代可能是人类历史上权利、利益和功利主义计算交汇的时代，会为我们所有人创造一个更清晰的道德图景。

五、专业教育

在高等教育的发展历程中，职业学校及其院系主宰着大学。现在情况发生了变化。事实上，我想思考以下问题：专业教育是否处于"真正的大学"的边缘地带？人文教育与专业教育有什么关系？我的两个结论是：专业教育从来没有处于大学的边缘地带，专业教育的基本目标与人文教育的目标惊人地相似。事实上，对于任何需要高深学问的职业来说，教育最有价值的部分就是教会未来的专业人士思考、阅读、比较、辨别、分析、形成判断，并普遍提高他们面对人类状况的能力。毕竟，这些职业需要某种程度上的文化解释和社会理解。鉴于我的结论，我呼吁专业学校和文理学院之间建立更密切的伙伴关系。

首先，我想用一种相当夸张的方式问一个挑衅性的问题，然后提供一些可能同样具有挑衅性的答案。我的问题是：为什么这么多专业院校，特别是那些研究型大学，对它们在大学中的地位感到焦虑或不安？提出这个问题的另一种方式是：为什么艺术和科学学院开始相信它们是大学之魂的唯一捍卫者？只有当一个人夸大了人文教育和专业教育之间的差异，或者有意无意地使它们相互对立时，才可能采取这种态度。这种竞争可能是历史遗留下来的事实，即在高等教育的大部分历史进程中，专业教师主宰着大学。只有在20世纪左右，艺术和科学学院的影响力才得以增长和提高，尽管事实上这种影响力有些夸大。

有趣的是，在中世纪大学的四个院系中，哲学（艺术和科学）的地位并不如神学、医学和法律。事实上，为所学的法律、神学和医学专业做准备是中世纪大学和殖民地学院存在的主要理由。更重要的是，正如我已经指出的，美国的高等教育很明显是从专业教育开始的。现在人们普遍认为只有文科占据了大学的道德制高点，文理学院必须充当大学之魂的守护者，但我们如何将这段历史与此联系起来？在阻碍教育事业生机勃勃发展前，这种对高等教育的历史和现实扭曲的形象需要予以搁置。

让我回到一些专业院校对它们在大学中的地位感到不安这个问题上。原因也许如下：

（1）它们之所以焦虑，是因为托斯丹·凡勃伦①认为法学院和舞蹈学校一样有理由成为大学的一部分。如果像律师这样古老而富有学问的职业也处在一个不稳定的位置，难怪其他专业院校会焦虑不安！另一方面，很难知道凡勃伦最著名的一些断言是社会批评还是社会讽刺！

（2）它们之所以焦虑，是因为它们的专业或学术主张脆弱不堪，还是因为它们在入行之前并不完全具备该行业所需的一定知识和技能基础？

（3）它们之所以焦虑，是因为它们不确定自己的专业人员是否有权判断彼此的错误，收取不考虑结果的费用，以及控制国家许可证？它们在艺术和科学领域的同事可能也有这种特殊的焦虑。

（4）它们之所以焦虑，是因为它们相信自己确实处于学校的边缘，尤其是如果它们不教本科生的话。

（5）它们之所以焦虑，是因为英语世界的大学仍然受制于纽曼（1999）的主张："毕竟大学应该正式建立在文学院的基础上……"他只是勉强地补充道："……也可以合理地建立法律、医学和神学的相关专业。"

我认为无论是从社会对大学的期望还是从实际的历史记录来看，纽曼的想法都是完全错误的。我更喜欢阿尔弗雷德·诺斯·怀特海

---

① 托斯丹·凡勃伦（1857—1929），美国经济学巨匠、制度经济学鼻祖。

（1929）对大学的看法："大学存在的理由是它保持了知识和对生活的热情之间的联系，方式是促进专业院校、研究中心与文理科教育之间问题、思想和学术的必要交流，以及让年轻人和老年人参与富有想象力的思考和反思学习的活动。"同样，人们可能还记得迪布瓦（1903）的主张："教育……是现实生活和不断增长的生活知识之间的调节工具。"

尽管人们对美国大学服务的对象——学术、美德与对社会的实际服务有着完全不一样的信念，但它们似乎有一套共同的官僚或管理体系，这在某些方面产生了不良影响。例如，在专业院校，有时针对研究生和本科生会设立不同的院系，这不仅会消除大学的一些公共性质，而且掩盖了人文教育和专业教育的许多共同目标。同样重要的是，只有通过更加紧密的合作才能得到的新思想和旧问题的解决办法，而这种分离使我们丧失了这些东西。事实上，从一所杰出大学的未来活力出发，改善我们现有官僚体系中的沟通机制最为重要。在我看来，同一所大学内本科和研究生教育的绝对分离（美国的一项创新）是一个严重的官僚错误。然而到目前为止，它几乎已经被一种错误的教育思想所定义。我们应该搁置是否将所谓的专业和学术结合起来这个问题，而集中精力研究最有效的结合方式。

我们很幸运，美国研究型大学的最初设计把本科、研究生和职业教育都结合在了一起。因此，这是美国研究型大学的保留项目，也是一种令人兴奋的、还待实现的潜力。

六、结语

要理解 20 世纪最后几十年中许多惊人发展的全部含义，还为时过早。东欧和苏联令人震惊的政治变革只是其中一个例子，其他还包括世界经济的国际化、人口的增长、前所未有的人口流动以及全球信息网络的建立。从某种意义上说，20 世纪始于孟德尔遗传学论文的重新发现，结束于 20 世纪地图的完成和人类基因图谱的绘制完成。不管怎样，某种新的全球变革正在进行，这一点似乎毫无疑问。这些令人震惊的事件和其他一些事件使我们开始重新思考整个意识形态范围内的现有观念和义务，从国家政治基础到帝国可能性，从未来国家安全到国际团结在国际事务中的作用，从国家观念的持续可行性到社会主义在日益国际化（跨政府）经济中的意义，从个人自由的意义到创造和谐社区的道德义务基础。

例如，在美国，许多人担心我们的社会分工会导致太多的美国人感到与国家的未来脱节。一些有见地的观察家认为，我们目前的政策、政治分工和社会结构可能无法为我们持续的文化和经济活力提供必要的文化资产。至少，我们似乎需要一套新的激励政策和能够激励个人与国家共同努力的目标。

最近的事件让许多人感到，我们的社会并没有像我们所认为的那样开放和公平，这就要求我们更严格地审视我们的传统、制度的道德参数和政治参数，以及权力分配和其他的利益安排。如果需要进一步的证据，来证明我们需要对这些领域进行重新思考，那么可以说，是由于民主的价值观过分强调或过少强调了个人权利相对于传统、社会稳定和社区主张的作用。这些不确定性的象征是，在美国，我们机构的平等保护条款现在被用来赋予几乎所有认为自己被排除在现有分工下的某些利益之外的人的权利。"散居地"这一概念，以前是指被鄙视、流离失所和被剥夺权利的人所在的地方，如今在日益多元化世界中甚至也象征着文化理想的"想象中的家园"。

这种普遍的骚动预示着我们应该探索出一套有意义的核心价值观，这不仅将对高等教育产生影响，还会影响人口统计、工作性质和工作分配，以及对政府支出和税收态度的持续变化。

关于我们的教学计划，许多人认为，我们不仅变得过于"分散"和专业化，而且与学生的全面发展脱节，不能完全适应他们不断变化的教育需求。然而另一些人却持相反的观点：我们的教学不够深入或要求不够高，过于关注学生的发展——心理和社会需求。

总的来说，西方大学生生不息，且适应性强。尽管这些院校一直受到批判并且让人失望，但它们仍然受到西方社会的重视，有时是社会变革的最大希望，有时是传统道德义务的保证。尽管许多革命似乎是当代生活的特征——电信的迅速发展，所谓的不同政治的发展，民族、国家的转变，人员、资本、生产设施和产品在全球的再分配，以及道德确定性的降低——但这些变革不太可能导致我们所知的大学的消亡。

尽管这些院校有许多不足之处，人口结构、愿景、公共和私人优先事项发生了变化，有形基础设施有所恶化，（内部和外部）对院校对国民做出贡献的信心有所动摇，但我相信，这些院校将再次证明其能够不断调整，反映当前环境的不足之处。很少有机构能像大学院校这样有持续的潜力给社会带来新的红利，因此我们没有理由把大学列为"濒危事物"。大学可能行动力还不强，肯定要根据当下现实对其规划进行一次彻底的重新检验。但我相信，其独特的学习潜力、人际交往的能力、跨越许多文化鸿沟进行和平互动的能力，以及不断打破陈规的能力，将使大学教育成为未来不可或缺的资产。

第四章 科学进步中的伦理层面

科学研究已经变成我们社会中一项关键性活动。对一些人来说，科学进步甚至已经成为新信仰的必要组成部分。这个新信仰建立在一个信念之上，他们相信人类在所有领域的提高都神奇地得益于科学前沿的进步。对这些"信仰者"来说，今日对科学能力的信仰已经取代了昔日在历史进程中对神的信仰，他们期望科学在诸如公正、平等、卓越、自主、社会凝聚力以及和平等终极目标中找到平衡。在这篇文章中，我提出了一个更微小的话题，那就是道德伦理的挑战和冲突的潜在特质，这些挑战和冲突一直伴随于科学向前发展的进程中。自远古时代以来，人类群落就出演着一部剧，这部剧围绕着新科技和它们对人类生活造成的影响展开，反映了"自然的事物"和"我们创造的事物"（看起来"不自然的"、可选择的、人工的事物）之间潜在的对抗。这部剧需要公共政策制定者和研究型大学的关注，因为两者都是国家科学事业的核心成员。

　　这些事情为何对于国家学术界意义特殊？有两大特别原因。

　　第一，伦理问题调节了科学世界、意义世界①和我们对人类生存本质的理解之间的关系。科学家与其他人需要进行严肃认真的对话，社会科学、人文学科的知识资源和各机构为此提供相关信息。在社会上，还有哪儿比大学校园更适合进行这样的对话呢？而且，我相信这些事的紧迫性影响到所有人文教育机构的教学日程。事实上，这对消除社会科学和人文科学的隔阂有所帮助。

　　第二，我将要提出的伦理问题直接源于科学事业前所未有的成功。研究型大学在科学界起着至关重要的作用。事实上，研究型大学的教师们不仅是公开赞助的研究项目的第一执行者，更在很大程度上影响着国家的科学政策、科学议程、公共重点研究项目的广泛性，以及公众对于新知识利用方式的理解。因此，在这场不可避免的讨论中，对于如何赋予我们的新知识以道德意义和最大价值，教

---

① 关于人的价值意义、人对世界的认知的哲学概念。

师负有特殊的责任。尽管我接下来将把重点放在生物医学上，但我所提出的很多问题也可应用于科学前沿的所有方面。

除了例如讲真话、同行评审的科学范式以外，科学界也有其他的行业标准，其目的一方面是避免发生错误和自我欺骗，另一方面是产生更多的知识，被广泛接受的道德观和公共政策深深影响着科学事业的这一特点。科学家这一身份使他们具有价值观和义务。科学本身是人类集体努力的成果，由内部和外部因素共同塑造。我们只需要考虑一部分事情，例如专利、移民政策、贸易政策、多种制度、教育和研究津贴以及政府实验室，就能明白公共政策对国家科学事业的性质和范围有着普遍影响。

而且，科学研究并不是脱离于社会更大文化目标的独立活动。学问的产生并不是为自己，科学与价值观、法律、动机，与社会、文化、政治、经济环境愿景紧密联系，也可在某种程度上独立成为一个改变与进步的推动者。然而，科学的发展在很大层面上由这个时代的关注点决定。科学不是自给自足的事业，既不能赋予我们的生活全部意义，也不能将我们引向更宏大的蓝图。科学尤其不能为我们提供评判相互责任的标准，或我们必须接受的对个人自由的约束。尽管科学不能决定某个行为是否符合伦理标准，但各个领域的科学发展中出现的伦理问题会影响科学的发展。我不会把所考虑的道德问题聚焦到科学家个体或研究群体上，而是会聚焦到更普遍、更根本性的道德问题上，因为科学在向前发展。

尽管我将自己视为学者，但我不是常规意义上的学者。我必须承认，我希望自己是一位科学家，因为能成为人类最有创造力活动的成员，一定是非常幸福的一件事。科学事业使我们更好地了解人类境况，更充分地理解自然世界，因此能更有效地处理关乎人类生存的紧急事件。事实上，科学研究的方式不仅是人类有史以来极有力量、极具智慧的创意之一，也为理解自然世界和身在其中的我们提供了一个精妙绝伦的框架。科学很大程度上满足了我们的需要和愿望，因此科学富有道德意味。事实上，科学、科学家及其支持者是伟大的人道主义事业的一部分，其致力于减轻痛苦，改善人类生活条件，更好地了解我们自身与自然世界。科学家的工作已显著地改变了我们所在的社会，给发展提供了新方向、新理解。不论好坏，它都促使我们更加坚信人类有能力改进自然并掌握我们自己的命运。它改变了我们关于人类在宇宙中位置的观念，我们与其他生命形态的关系，宗教与世俗的相互影响，以及自然力量与文化力量的关系。

科学是人类的伟大成就，科学家改进自然世界的方式总是精妙而美丽。作为一种文化活动，科学也可以成为人类希望的巨大源泉。然而，仅仅敬畏科学是不够的，还要了解科学的可能性和局限性。科学家和非科学家都应该了解，科学不是一种与社会其他重大问题毫无联系的、毫无人情味的巨大力量。这种观念不仅严重错误，而且会引起民众的恐慌，不会带来幸福和机遇，因而不会有利于任何人。

虽然科学与日俱增的成就不容小觑，但我们必须承认它们引起了一系列问题。例如，人们总认为，更多的科学总是会带来更多的社会回报，科学研究总是聚焦在最重要的问题上，科学规范足以承担公共责任，科学的愿景总能被实现，科学是衡量万物的尺度，或者新知识并不带有道德性质，现实后果也并没有导向性。科学是一项社会活动，科学活动并不能同时顾及所有人的利益，而且会受到意识形态和利益冲突的影响，这是无法避免的。一些人甚至认为科学像政治和其他活动一样，仅仅服务于那些受益于当下社会秩序的人。

在我看来，重点要记住，科学家与非科学家一样，都是道德社区的一分子。我们对期待的社会有着共同的观念，各领域都有多样的优先事项确立机制和问责制，对于他人的利益，我们都有相似的义务，因而互相紧密联系着。这些纽带创造并维持着一个范围更广的公民社区。因此，在当今这样一个科学时代里，对于共同关心的事物，科学家与非科学家间的认真对话与社会协商极其重要，在道德上也尤为关键。

一些人认为新科技的利用是为了提高人各方面的能力，提升人类品质，因此很有可能改善人类生活条件。但同时也有一些人持更模糊的态度。举例来说，他们担心开发新科技会使分明的界限难以划分，比如世俗与宗教的界限或人类与非人类的界限。当然，人类有很多种生存方式，但新人力的开发在任何时候都需要对人类目标与责任进行定义，来重新划分界限。从前的神创论认为上帝创造了世界上的一切，但这种观念已经被如今的自然科学所代替，人们认识到人类并不脱离于或高于自然，而是与一切生命紧密地联系在一起，因此关于人类的意义的观念必然会转变。同样地，如今许多人觉察到科学事业取得了卓越成就，却使我们更难以理解人类的意义，难以理解我们对彼此的道德义务。因此，科学和科学家导致的道德问题并不是因为偶然的道德过失，而是因为科学成就。事实上，当代科学事业的成功源源不断地带来了新顾虑和一系列新的道德问题。问题是：我们应该如何制约人类不断增强的能力，不仅仅"控制"我们的环境，同时也"控制"我们的本性和子孙后代的本质，对此是否有足够的道德资源来帮助我们？日益扩大的知识库是否应该鼓励我们视人类为最终命运的书写者，因此对发生的一切都可以负全责？科技的卓越成就在提升我们的同时也在压抑我们，在困扰我们的同时也在鼓舞我们，从而让我们内心既充满希望又充满恐惧。

我对这些事情的兴趣来源于一些众所周知的观察，即人类转变的节奏和复杂性由新的科学发现决定，新科技的开发利用使我们这个时代尤其不稳定。事实上，这些发展似乎要求我们不断地改造自己，这挑战着人类传承和自我认同的能力。

因此，虽然我不是一位科学家，但我关心科学家的利益，而且我希望并期待着他们也关心我们的利益。此外，我一直都对在科学和公共政策间的交互点深感兴趣，对科学发展产生的大量不安感和道德焦虑问题有着特别的兴趣。作为一名大学校长和教职工的一分子，我对美国研究型大学有着长期的责任，必须应对这些挑战。1996—2001年，我担任生命伦理咨询委员会主席一职，在此期间我受到这些方面更大的影响而更加专注于这些事情。在那段时间里，我对科学进步所引发的不安感到震惊。具体来说，克林顿总统成立这个委员会后不久，也就是1997年多莉试验的公开发布证明了科学克隆哺乳动物的能力。体细胞核迁移取样技术仅利用父亲或母亲的基因物质，就可以使之成长为成熟的成年动物。我努力想理解它造成的甚至在科学家群体中都存在的恐慌。此外，这项成就也提醒了我们：我们的每个细胞都包含着我们的所有DNA，也暗示着我们每个人都可能创造一个"迟来的"同卵双胞胎。

这"突如其来"的克隆人类的愿景带来了不正常的狂热。幸运的是，这段狂热并没有持续多久。我们可以回想14—15世纪的炼金术士，他们宣称他们不仅有点铁成金的本领，而且可以通过人工方法创造微小的人类。事实上，在16世纪初，帕拉塞尔苏斯自称，只需要一个细胞、一个卵子和一位女性的子宫就可以创造后代，这似乎是一种理想中的公正。

1997年，多莉试验引起的反应带有情感性，这些反应更多的是由古今的科幻小说、一些富有想象力的电影和视频，还有对当代科学发展的终极意义的被压抑的忧虑决定的，而不是因理解多莉克隆中运用科学的利弊而产生的。也许最有影响力的科幻小说是玛丽·雪莱作于1816年的《弗兰肯斯坦》，当年玛丽还只是一个青少年。这部作品主要讲述的是一位科学家被他创造的人，或者说是怪物所摧毁的故事。《弗兰肯斯坦》提出了一个问题：科学会重塑还是摧毁我们的世界？近一个世纪之后，1896年，H. G. 威尔斯在《莫洛医生的岛屿》中刻画了一位视死如归的科学家形象，他试图掌控科技革命，但道路艰辛而痛苦。之后，在米歇尔·韦勒贝克的小说《基本粒子》（2000）中，一位著名的科学家努力想定义一门新的遗传科学，将爱与痛从人类心理中剔除（因为爱会产生恨），因此他建设"后人类"。更清醒的回忆是还没有过去多久的真实事件，纳粹组织试图建立一个优等民族；也有国内外的人们为了塑造下一代的基因库，错误地引进各种优生方案。回顾往事，这些事件都是基于不成熟的科学和更不成熟的观念，人们天真地以为我们可以单纯用科技解决一系列的社会问题，却想不到多莉试验会带来如此大范围的恐慌。

在开始时的恐慌消除后，隐藏的担忧仍在人们心中，人们担心人类克隆（使用"多莉"技术）会对人类叙事话语，尤其是我们的身份形成和自尊感产生影响。批评者采用引人注目的短语，例如"扮演上帝"、"每个人的不可侵犯性和尊严感"和新技术"反自然"的性质，这些短语都暗示着，这些事件对我们的人性概念和人类社会的有利结构提出了严峻的挑战。

我们一直以来都认为"多莉型"克隆违反了人性，这引起了我的不安，因为在我看来，人性有很多面，每一面都在随时代发展而进化，没有哪一种人性观能占领道德高地。我认为，有一部分人努力想维护某种人类的特别方式或维护某种特定的价值观或美德，正是他们提出了特别的人性观。亚里士多德后，有人经思考后表达出人类与非人类的不同点。而且，从15世纪起，许多人将目光聚焦在人类的特殊能力上，以通过意义深刻的方式来重塑自己。因此，如果"人性"这个词有任何明确的意义，那就是由人类选择塑造的、多方面的、不断变化的东西。即使我们都同意人性的精确含义，我们也不应将它笼罩在永恒与神圣的光环下。人类日益远离自然，卢梭对此非常担忧,他认为这来源于人类对完美的愚昧追求。最终,我清楚地认识到,关于生殖性克隆和后来的人类胚胎干细胞研究的争论,是当前国际上更广泛的科学和临床努力的一个例子,可以说是辅助生殖技术和基因工程的典型案例。

一些批评者担心对新科技的不断追求会导致对社会资源的滥用,很有可能导致贫富差距的扩大。其他批评者则认为这些科技的应用是傲慢的举动,人类假想自己有太多的权利和责任。人类总是追求更多的知识,追求对有限世界和永恒自然隐藏的秘密的更深了解,这也许是危险的。人们总是认为,在基因赌注里碰运气要好过用新科技寻找更可控的生殖手段,比如植入前遗传筛查、基因工程,甚至是生殖性克隆。这样的态度大大增加了生殖的不确定性!如果我们用逻辑来思考这一特定论点,我们就应该研究如何为生殖过程和一般的人类事务带来更多的机会。

许多由当代科技引起的伦理问题已经存在了很久,然而,社会上突然涌现了一些不寻常的呼声,要求对科学工作,尤其是公共资助项目进行监管和限制。从过去到现在,深思熟虑的公民一直在谈及某些明确的措施,用以制约科学家和其他社会机构的行为,甚至给某些行为定罪。在这些呼声中,我默默问自己,围绕当代科学发展的道德问题和焦虑是否有什么新颖之处?启蒙运动思想产生了许多惊人的成就,重点在科学进步、个人自由和文化多元性方面,这些成就日积月累的影响是否使我们再也不能确定人类繁荣的必要条件?启蒙思想中的理智、自主、自律和积累之美德,是否已经意外地转化为高度发达的唯物的、自恋主义的文化?我们是否仅仅缺乏道德资源来了解当前科学发展的全部含义,来处理既定或传统规范的消解所带来的问题?最初对已经建立的规范或传统规范的破坏是怎样的呢?或者说,我们正在经历的仅仅是适应新环境的困难吗?科学的最新发展是否给我们带来了新的道德问题?

一、什么是真正的新问题

通常来说，人们对科学进程的描绘是神秘的、意义不明的，就像西方文明的书面历史一样久远。从另一方面来说，这个问题还有很多层面，一些层面尤其与一些个体和机构相关，这些人与机构将自己视为科学事业和更广泛的学术事业的一分子。我思考这些问题之后，很快得出两个结论。

第一，我们不能将科学发展中的内心不安和道德败坏仅仅归咎于无知或自私，甚至是归咎于反对机器生产的"卢德分子"①，这样的指责不论在思想上还是在政治上都是错误的，对任何人都没有益处。也许有很多人跟卡尔·萨根②一样，认为我们应该用直觉思考，用情感代替争论。但人类历史告诉我们，我们需要理解这种反应背后认真而深刻的思虑。

第二，单单从当今和未来的人类遗传学发展性质来看，我们就应再三思考，或至少重温伦理哲学和社会哲学的基本概念。例如，它提出了更紧迫的问题：

（1）假如我们对下一代的基因有了更强的控制能力，我们在进行道德评判时会或多或少地考虑他们的幸福吗？

（2）如果我们的遗传天赋被证实对我们的行为有很大影响，我们是否需要重新思考我们在人类自由、人类平等、人类身份、人类责任，甚至是社会组织方面的观念？

（3）在辅助生殖技术的新遗传学和相关技术背景下，生殖自由

---

① 工业革命时期，机器生产逐渐排斥手工劳动使大批手工业者破产，因此爆发了以破坏机器为手段，反对工厂主压迫和剥削的自发工人运动，首领称为卢德王，故称卢德运动。在当代，"卢德分子"一词用于描述工业化、自动化、数字化或一切新科技的反对者。

② 卡尔·萨根（1934—1996），美国天文学家、天体物理学家、宇宙学家、科幻作家。

意味着什么？

（4）对人类活动和人类责任应该有什么样的道德限制？

（5）我们还可以继续在科学或精神层面，用广泛而清晰的界限来区分人类和其他动物吗？

（6）这些新技术是否属于应该公平分配的事物？基因的合理分配可能意味着什么？

（7）如果基因工程变为一种临床模式，我们是否有义务用这项技术来使社会或经济机会公平化？

（8）科技是否最终会摧毁我们，而不是服务于我们？

虽然长久以来，所有人类的社会经验影响着孩子们的基因，但是新科技的发展可能给予我们更大的权力来"设计"下一代的基因。这一新的权力要求我们回过头来审视那些管控科技应用的公共政策、制度性政策和专业政策。因此，这些前瞻性的生物医学干预政策，要求我们至少要重新审视某些道德哲学的核心问题，这些问题侧重于人类的意义是什么，以及人类是否应限制自己的行为，例如限制我们在人类遗传学中对发展中知识的应用。虽然像哥白尼和伽利略所证明的那样，科学如此巨大的变化并不是史无前例的，但当代科技发展是独特的，因其发展必须融入一个已经具有前所未有的新颖性的社会和文化中。

也许梵蒂冈的西斯廷教堂最著名的天顶画描绘的是超越人类认知和责任的力量（这里指的是上帝）伸出手来创造人类（以亚当的形式）。有些问题超出了人类的理解，这一基本观念一直是所有社会的创世、神话或传统叙事的核心。而且，一些人所说的"创世纪"或如何决定后代的基因构成的问题，主要是由偶然或其他非人类力量决定的。然而，随着基因时代的到来，我们都将会以全新的方式扩大对下一代的掌控权。未来，这项操控自己特质的新能力是否会改变对神和人类终极意义的看法呢？这项新能力当然会让我们面临人类的可能性和责任的范围。在这个易冲动的社会里，一些人似乎认为我们即将跨越危险的道德边界。然而，对于其他人来说，人性总是在不断变化的，至少部分由人类的选择和行为决定。科学的进步是破坏上帝权威和计划的一种企图，还是为了庆祝我们开发的工具（或是上帝给我们的工具）克服了阻挡人类繁荣发展的困难呢？

基因时代的到来是一些人的希望，却也是一些人的梦魇。未来承载的是更好实现人性的希望，还是新的恐惧？对一些人来说，新知识提升了我们人性的一个关键能力，即控制环境的能力。对其他人来说，新知识威胁着人类生存条件中最珍贵、最需要保护的层面。当代的其他科学，如物理学、天体物理学，其发展也引起了关于宇宙起源、生命起源和人类起源的类似问题。比如说，大多数人还是很难相信地球上的一切化学成分都是大约50亿年前在某个遥远的星球形成的，而且很有可能还是在宇宙诞生之后！

我试图理解最近科学发展引起的焦虑和道德恐慌，在此过程中我发现思考下列三个不同层面的问题会有所帮助：

（1）非常久远甚至古老的层面。

（2）在自由民主的特殊背景下，相对较新的层面。

（3）由于整个科学的特殊发展而产生的非常新的层面。

在本章中，我把注意力集中在生物医学的最新发展上。

我想依次讨论以上每个层面：从老问题到相对较新的问题，再到非常新的问题。我将按时间顺序进行讨论。

二、一个非常久远甚至古老的层面：过去和现在

自然世界和对环境（科技）控制的新水平的新知识已经至少引起了四种道德问题，这些问题都可以在一些最早的书面的西方文明史中找到，包括希伯来语的《圣经》。我将简要介绍前三种问题，并用长一点的篇幅讨论第四种。

第一种道德问题由对科学发现的担忧引起：①新知识的道德用途是什么？②谁来决定这些道德用途？他们又怎样对这些事务负责？这些事务应该由市场、教会和政府联合决定，还是由一系列正式的程序审议决定？

第二种道德问题是如何公平处理科学发展带来的心理和生理上无法避免的得与失。这包括收入、地位、财富和生活方式方面的变化，也包括得到新知识、宝贵的产品和服务的途径。分配问题已被证实是社会上很难处理的问题之一，尤其在当今时代，经济活动已被认为是一个半自治和自我调节的领域。

第三种道德问题包含了副作用的管理问题，因为新科技总是伴随着我们不希望出现的副作用。记住一点很有用，那就是对人类日益增长的权力和相应责任的普通反应是悲观主义的。正如瓦茨拉夫·哈维尔所指出的那样："前路是深渊。"悲观主义常常表现出对理智和科学发展的反抗，也表现出对自由民主政治和潜在的文化义务的反抗。它常常与相信最坏的事物的意愿有关，也与一种信念联系在一起，即不受人类玷污的自然是神圣的。在我们进入所谓的生物时代后，变化引起的担忧很有可能进一步加深，因为在科学发展中，没有比生物医学更个性化的类型了。

对一些人来说，这也许很令人惊奇，但很多人害怕对身体健康理想化的追求所带来的后果。这样的追求释放出对自主和普罗米修斯（美国DC动漫中的超级反派）式力量的幻想，以及"邪恶"的优生战略的梦魇。一些人认为，试图从根本上改进上帝的杰作是有罪的，或者基因研究会导致基因工程被诸如物质主义、个人自我实现的价值观，以及与以公正、平等和社会团结为基础的社会秩序相对立的利益所主导。从启蒙运动起，科技的批判者就担忧我们操控世界的新能力无法阻挡地把我们拖向独裁的境地。之后，有人补充道，将生物医学的发展与极端的个人选择和自我实现道德观结合起来，会导致恶托邦①和人类的噩梦。但其他人对现代世界和科学发展的后果带有普遍恐惧。对这些人来说，未来承载的不是更充分实现人性的希望，而是相反。我担心这种悲观态度会导致消极和不作为。

　　现在，我想更详细地讨论重大科学发现引发的第四种道德问题。我们无可避免地需要确定，新科学知识是否"适合"当代人类叙事或是否与其一致。这里的人类叙事指的是每个社会必然会发展的或发掘或构建的故事，它们会给我们的个人和集体努力赋予超验意义。这些叙事不论宏大还是微小，理智还是疯狂，都启示我们终将走向死亡，我们缺乏控制自己条件的能力，任何个体都是微不足道的。它们既代表了我们为成为超越本身而有意义的人而付出的努力，也代表了超越恐惧的希望的胜利。它们将我们与上一代和下一代连接起来，为人类的繁荣提供必然的延续性。人类的想象似乎需要给我们的历史、我们的时代和我们的生活赋予意义。也许为历史赋予意义的道路荆棘丛生，但我们要将超越本身的信仰和渴望注入到我们的努力中。这些叙事使我们能应对生活的不安和死亡的必然性。我认为它们可以使我们的梦想成形，树立我们的志向，并创建起一个更有益的现实。它们也为我们提供了一些道德指向，指引我们该听从哪个"权威"。

　　除了这些叙事之外，人类社会也早已尝试用各种手段将当下的人类世界打造为一个"超越尘世"的世界。这仅仅带来了暂时的缓解，还往往削弱了富有成效的叙事作品。最后，我应该承认，除了这些人类叙事的深度、力量和重要性之外，现在的批评者常常批判这些叙事成了强者利用弱者的工具。

　　叙事维持了我们的个人和集体的努力，把伦理规范置于合适的

---

　　①　恶托邦是乌托邦的反义语，在希腊语中的字面意思是不好的地方，它是一种不得人心、令人恐惧的假想社群或社会，是与理想社会相反的一种极端恶劣的社会最终形态。

地方，且比人类的求知欲更具人类特色。对我来说，它们对人类社区的生存至关重要。威廉·詹姆斯在谈及人类物种的"无法阻挡的让世界更理智的渴求"，或赋予我们经历过的一系列事件更深层的意义和延续感时，表达了他对叙事的渴望。当然，也有其他观察者认为，这些叙事不过是幻想。在《艺术的理性》中，乔治·伯纳德·萧（1908）表达了以下观点："我们害怕直面生活，我们无论如何都不能理性评估的，不是一条道德法律的实现或理性的推论，而是对激情的满足。"我的观点是，只有这样的叙事才能解释在如此长时间内单一的或周期性事件。从上述所有原因看来，叙事对人类繁荣来说不仅是无处不在的，也是至关重要的。没有了这样的叙事，或者叙事过于奇特，就很难使人们付出让社区继续运作所需要的努力和牺牲。这些虚构的故事或其他构建和发掘出的叙事定义我们在自然中的位置，给予我们目标感，并为我们提供道德指引。通过帮助我们理解我们做什么，为什么那么做，某种举动服务于谁的利益，它们使我们过上有意义的生活。虽然科学与个人行为的道德性或塑造世界的社会习俗和传统没什么关系，但科学直接影响着控制人类叙事重要方面的决定因素。

这些叙事（例如无处不在的创世叙事）不仅仅是展现人类想象力的伟大作品，也帮助人类社会化平凡为神奇。它们帮助我们讲述自己，或讲述成为人类的意义，并超越了我们关心的一切，超越了我们的价值只是由毫无意义的物理粒子或微小的振动弦组成的观念。在某一方面，它们就像个人的故事终结后使我们仍然部分存在的基因。像生殖细胞一样，叙事会一直存在下去，将我们与上一代和下一代连接起来。事实上，这些叙事代表了我们通过社会传播继承的行为、信仰和态度。它们将我们继承的基因、非基因和某些随机因素结合在一起，由此展现出我们在不同集体中表现出的多面人性。

在古希腊和古罗马社会中，人们只靠万神和他们貌似古怪的行为来为掌管这个常常令人恐惧和古怪的世界并赋予其意义。公平地说，我认为牛顿的重力观和笛卡儿的意识观同样对解开未解之谜有着启示意义。在其他时代中，伟大的宗教为其他人承担了这一作用。正如约翰·F.威尔逊（1982）指出的那样，宗教是"一个人生存需要的手段"。一般来说，世界上伟大的宗教对很多人来说都是强大的意义源泉，当事情往坏的方向发展时尤其如此。例如《圣经》中伟大的叙事通过创世、救世和救赎这些基本主题，讲述了人类起源和命运的问题。几千年来，这些叙事已为许多人的努力和生活赋予了意义。当然，与某些更世俗的叙事相比，《圣经》为人类的起源和最终命运提供了一个完全不同的框架。虽然对很多信仰来说，世俗叙事往往更适合，但世俗叙事提供的道德指导太少，不为事情的解决提供任何内在保证。无论如何，所有的叙事都试图回答画家保罗·高更提出的问题："我们从哪来？我们是谁？我们要去哪？"并且，其认为我们都有着共同的恐惧，害怕被遗忘或从赋予生活经验意义的人类故事中被撇开。脱开绳索无可避免地会带来忧虑、迷失和困惑。

我们现在面临的挑战决定了我们如何通过对自然世界的新理解和对人性不断变化的认知，去调整当前关于人类生存意义的叙事。当人类生存条件的重要参数改变时，尤其当我们的新知识削弱了现存叙事宣扬的真理时，一项尤为重要的挑战出现了。现存叙事的流失对建立的身份、传统的生活模式，以及在某些情况下对重要社会制度和习俗产生了威胁。实际的担忧立即产生了：我们在哪可以为新叙事找到依据和支撑它的新伦理呢？改变叙事需要伟大的想象力和文化创新。我回想起尼采相当著名的警告：如果上帝死了，什么事情都可能发生！于是很多人害怕，一旦丢失对神的信仰，就会导致道德崩塌。而事实上，20世纪独裁的"乌托邦"，例如希特勒的德国，对人性造成了严重的伤害。然而，其他人把眼光放在一些积极的榜样上，这些发展良好的国家急切地想承担伴随着新科技力量而产生的人类责任。

令人震惊的是，很多问题在索福克勒斯的戏剧《安提戈涅》中已经提到了，例如诗歌《人类颂》。这首诗从一位牧羊人的视角来讲述，山坡上的牧羊人观察着一位农民运用一项新技术——农业。一方面，牧羊人表达了对人类聪明才智的赞赏，指出人类"聪明绝顶"。另一方面，他哀叹全新的农业技术导致了一种生活方式的消逝："愿他（那个用犁砍掉大地女神的农夫）永远不要和我分享我的火炉。"托尔斯泰（1977）在他的短篇小说《哈吉·穆拉特》中也表达过类似的思想："人类是多么残酷而破坏力强的生物啊。人为了支持自己的生活，已经摧毁了多少动物和植物，我本能地想在这片黑色的死亡土地中寻找一些生命的迹象。"长久以来，类似的感想在西方文学中已经出现了一次又一次。

很久之前，索福克勒斯在《安提戈涅》中就表达了调整叙事的困难。在这部剧中，他也提到了人类"逾越界限"和参与"非自然"活动的问题，正如宙斯一直防止其他神太像他自己。同样的思想在《圣经》中对巴别塔的叙述和普罗米修斯的传说中也有体现，其中普罗米修斯等因其行为举止太似神而受到惩罚。我也回想起古希腊传说中的阿尔戈号——第一艘船。这个神话的叙述者不仅担心建船需要的松树消失，更担心非自然欲望的释放，例如去到新土地的欲望。事实上，世界上很多宗教中都建立了关于人类极限的观点。《旧约》教导我们：对知识的渴望导致人类的堕落。在更现代一点的小说中，这些古代的主题再一次出现。最受欢迎的浮士德传说有多个版本，有的讲述了一位科学家尝试跨越神给予的界限，虽然神圣却招来厄运；有的则讲述一位科学家发现为我们生活赋予意义的很多事情都是科学无法达到的。后者让我想起歌德通过浮士德说出的一段话：

我已学过，唉……

但我多么的后悔……

学习给我带来了什么？我还是可怜的傻子，

我一点也没有比当初的我聪明！

同时，我们应该想到大众对科学家的看法是模糊并随世界剧变而改变的。在英语世界，牛顿的成就影响了17世纪的大众心理，大众普遍将科学家视为令人尊敬的天才，或至少是在智力上有伟大成就的人。然而，到了18世纪，科学家这一傲慢的无神论者形象成了讽刺，如亚历山大·蒲柏在《愚人志》中批判科学家试图用自己的法则来代替神的法则。蒲柏认为科学家与其他人一样有道德缺陷，而这些缺陷的力量使他们更加危险，甚至邪恶。浪漫派较少担心潜在的科学滥用，更多地着眼于他们眼中科学的有限作用，因为科学的有限似乎否定了情感、心灵归属感和个性的真实性。在19世纪，大众心中的科学家普遍是抗争疾病和推动新繁荣的英雄，事实上，科学、资本主义、自由主义和科学先进的国家产生的文化优越感产生了一种新联结。然而，甚至是在那个时代，也有像儒勒·凡尔纳这样的人担心科学家会变得太自私、贪权、不对社会负责任。事实上，在17世纪至18世纪初期，即科学时代的早期，科学和科学家常常是讽刺的对象，就像乔纳森·斯威夫特的《格列佛游记》描写的那样。1991年，在《医生的困境》中，乔治·伯纳德·萧（错误地）讽刺了那些科学家追寻疾病细菌理论的启示意义。另一方面，像辛克莱·刘易斯在1925出版的《阿罗史密斯》之类的书和一些20世纪的电影，例如《微生物捕手》（1926）、《万世流芳》（1936）、《黄热病》（1938）等，都将科学家塑造为英雄人物。

我们的大部分文化传统和支撑它们的叙事都有两大重要特点。第一，它们将人类生存条件描绘为两个领域，其中有一个至少在伦理意义上是"在我们之下"（即自然世界，我们如果有足够的能力，可以利用和开发，但它还是在伦理意义上和我们比起来"不那么重要"），还有一些超越人类理解的事物是"在我们之上"的。也许蒲柏（1950）在撰写《人论》时，想表达的就是人类为自己定义的"中间"位置："被创造以来，一半上升，一半堕落，万物之主，却掠夺一切。"这些叙事的第二种特性是它们都将人类而不是其他生命形式置于唯一的地球上，而没有放在其他天体上。地球和其居民的独特性与我们在超越我们理解的力量和我们开发下的世界两者中间是叙事的关键主题，任何破坏这两大主题的科学发展都威胁着我们的信仰体系。因此，不可避免会产生这样的问题：以此主题为代表的叙事是否可以激发人类的努力？

想一想，哥白尼、达尔文、弗洛伊德的作品及当代遗传学和宇宙学带来的精神冲击。在哥白尼之后，地球不再被看作宇宙的中心。在达尔文之后，人类的独特性似乎受到威胁。最近的遗传学发展显示我们有着同其他有机体一样的基因密码，这似乎再次确认了人的非独特性。弗洛伊德发现，不管我们如何特别，我们甚至都不能控制自己的想法。帮助了如此多人的精神病药物，使我们更加不清楚我们的真实思想何在。

最后，天体物理学的当代发展使我们更加确定，我们像宇宙中的一粒灰尘，尽管遵循着热力学的法则，我们还是会渐渐地无处可去。其他人则驳斥这个观点，认为我们不是毫无意义地在宇宙中游走，最终无路可走。他们坚持人类不仅仅是基因突变和物竞天择的结果，而是在伦理意义上比其他的生命和非生命体更重要。在我看来，我们对宇宙的起源和性质的新理解对人类叙事有着重要的启示意义。例如，我认为我们不能再轻易地谈论生命的意义，而只能谈论我们如何独自或共同地过着有意义的生活。

虽然如果没有叙事为人类的耕耘赋予超越性意义，科学也许还是会发展得很好，但仅仅用科学不能解释所有的事情。科学尤其不能告诉我们什么是允许的，什么是不被允许的。发掘的或构建的叙事告诉我们限制人类自由是必要的，使人类可以一起创造有意义的生活，并且行事时考虑他人的利益。在道德多元化的自由民主制度下，制定公共政策的复杂性反映了个人在这个急剧变化的时代面临的伦理复杂性。因此，请容许我从古老的问题转换到相对较新的问题。

三、相对较新的问题

我们面临的相对较新的问题是如何在一个崇尚文化多元化的社会中，解决伦理上有争议的问题。自由民主制度可以有很多面，但大多数人认为它是一个崇尚法治、民主自治、保护私有财产、限制政府行为以及保护平等、言论、集会自由与信仰自由的系统。不仅如此，自由民主制度认可我们生活中很多的权威来源，不仅包括国家层面，也包括家庭层面和多种信仰体系、文化行为。因此，对于一个自由的国家来说，必须解决权力重叠的问题。在自由民主制度中，甚至是根据某种社会、文化及政治安排设定的特定自由民主制度中，也存在着相当多的自由。

自由民主常常招致很多争议的另一重要特质是，它几乎将个人自主性作为至高无上的价值、个人自我实现的源泉、真实内在的反映和自由的源泉的观念。而且，在自由市场制度下，这些自主的观念因经济自由进一步扩充或表现出来，以承包、利用和发展私有财产。这套理念常常违背文化、历史和传统的义务。在这一视角下，道德观根据道德行为个体而定，而道德行为个体作为权力的自主行使者，在构建社会秩序时更喜欢自由选择，而不是遵从传统的道德义务。根据这种模式，权力的最终来源是个体间对彼此的赞同，而不是上帝、宗教、历史、根植于传统的价值观、自然或某种特别的美德。这种观点会带来对道德多元化的终极崇尚，换句话说，就是对道德专制的抵抗。事实上，自由民主制度要求国家给予所有公民平等的关爱，甚至对那些持有不同道德观念的人也如此。

当道德家和政治哲学家已无法就道德生活中追求的好处达成一致意见时，自由民主运动就与启蒙运动一起聚集力量。渐渐地，社会决定将选择权交给个人，每个人做自己命运的书写者。的确，这种个人命运将会由个人选择，而不是根据传统、文化和历史的观点决定的观念产生了。因为这种环境下的个体被认为是自主的道德行为者，所以他们必须在不伤害他人自主性的条件下，自由地做选择。确实，个人自主的理念正是人们必须自由选择，才能够依道德行事。由此，自由民主的集体意识变得尤其复杂，因为它包含了多元的规范性话语，不仅包含多元的信仰和观点，也同意所有的观点和秩序必须不断被检查，而最终被更好的观点和社会秩序所代替。几乎没有人认为与我们生存有关的一切都是暂时的，然而正是这个观点成为科学及其他学问伟大创造力的源泉。

这种情况有着相当惊人的历史启示，在自由社会中，没有哪种信仰能占领道德高地；相反，许多有条理的、深思熟虑的，甚至令人信服的道德哲学同时存在着，彼此不同，彼此竞争，为我们服务。在这种环境下，道德和政治革新要规定一种社会、政治框架，允许持不同观点的公民因某种类型的共同话语紧密联结在一起，但仍以尊重他人的权利和观点为根本道德基础。

赋予自由民主特质的道德多元性的本质在于，承认有不止一种考虑周全的途径通往我们构建的规则，从而使我们可以共同生活在一起。换句话说，道德多元性认为，很多重要的伦理价值系统和原则都是合理的，但相互之间并不相容。在这样一个社会里，成熟的道德哲学并不会像科学理论一样互相抨击，或像科学领域里有那样完善的规则成为最佳理论。在道德哲学中，不完善但逻辑连贯的理论同时存在着，为了让我们信奉而互相竞争。只要我们自由地为自己思考和行事，价值冲突就不会成为自私、偏见、无知或理性薄弱的结果，而是会成为善意的公民面对复杂的道德和政治问题总会有争议的必然结果。妥协和包容必须成为规范，因为我们承认并重视那些有着不同信仰的人的正直。

在这种语境下，没有简单的公共政策可以应对复杂或有争议的伦理问题。在自由民主制度下构建道德的社区不是全新的问题，但因为容纳不同道德观点非常困难，我们在过去短短的几个世纪中并没有足够多的实践。因此，这个实验会一直持续。的确，当今有见地的观察者认为人类的这种个人主义观念完全是虚幻的，是为了推进某种特定的社会或政治运动。一些人认为，启蒙运动产生的大量"改革"，仅仅是用一种社会控制的方法取代另一种。一些深思的观察者认为，由于对道德多元性的崇尚，使我们丧失了本质上有益于社会的东西，即足够强大的共同价值阶层。举一个鲜明的例子，在当今的美国，我们对宗教和公共生活中宗教性道德评判的地位，普遍持有激烈的反对意见。一般来说，我们对道德约束来源和公共政策与道德评判的最佳关系有着很深的分歧。非常崇尚道德多元性的自由民主制度，必须长期持续地坚持社会协商，协商的内容不仅包括任何限制个体自由的道德基础或对他人利益的一切，也包括这种协商和决策何时必须交由立法机关。

自由民主制度的其他特点产生了额外的道德焦虑。奠定自由社会基础的政治和社会态度支持自由思考，设定开放的未来，并常常为我们的经济、社会及政治生活寻找更好的秩序。这种态度反对现状。事实上，对于自由主义者来说，怀疑和改变是神圣的。期望、焦虑和不确定变成了新秩序"代价"的一部分。19世纪成为自由民主的第一个黄金时代，不论是马克思主义还是其他自由主义，都在19世纪孕育了不断革命的观念，而这不是偶然。

与此同时，制定公共政策时必须意识到，不论社会对自由的崇尚有着多么广泛的基础，许多人为了舒适，在这个他们认为不稳定甚至凶险的社会中，为将道德损失减少到最小，而继续依赖着权威和传统。不论因为何种原因，当社会秩序需要更替时，许多人还是不能看到时机已经到来。虽然对于一个自由主义者来说，变化意味着自由，但对其他人来说，变化还是焦虑甚至恐惧的源泉。在这方面，政府的主要作用仅限于保护所有公民的个人自主权，决定哪些风险不应交由私人承担，消除主要由私人财产和私人市场对经济制度造成的不良影响，并提供公共物品。因此，在许多领域，政府采取行动是不合法的，特别是在道德分歧很大的问题上。对政府干预的限制，在美国是尤为刚性的规范，并受到美国强大的宪法机构的支持。结果，在这个科学进步带来越来越多道德问题的时代，大量焦虑蔓延，而对个人自主性、道德多元性、政府受限角色的深信不疑，会继续削弱现存的各种秩序的作用。我作为一名自由主义者，应该在变化常常带来的痛与失中得到快乐，但我明白，对自由的个人自主性和独立的追求，对很多人来说有多么可怕。在选择自由秩序的同时，我们也选择了复杂而焦虑的伦理环境。

最后，我们必须认识到，当代西方文化千变万化而令人混乱的身份、民族、价值的特质，必定会持续产生一系列焦虑。在这种语境下，我们有强烈的动机来避免道德争议和社会协商带来的高昂代价，于是我们诉诸道德教化的方式，这种方式显示出我们缺乏谦虚的品质（太肯定自我）且喜欢强迫他人以某种方式行事。而更危险的是，我们都倾向于用教化"净化社会"，不论代价为何。

在我讨论"非常新"的问题之前，让我重新说明一下自由社会的社会秩序是怎样的，我相信，这对研究型大学和世界上的科学和学术研究的持续生命力至关重要。尤其重要的是这一自由选择的态度，即所有观念和秩序迟早会有更好的替代品。在自由的环境下，没有毫无争议或毫无疑问的思维方式。学术探究（不提学术自由和学术独立）的敌人是权威，尤其是绝对权威。自由社会中学术事业不断增长的活力成了自由社会的特点，这并非偶然。

总结一下：在我们生活的时代，科学产生变化，变化产生焦虑与失落，许多科学变化产生许多焦虑。在一个科学变化剧烈的时代，我们必须艰难地考量道德因素，并继续寻找有效的方法，来维持我们对道德多元性、自由结社、个人自主和个人价值的坚持。现在让我来讲述我们在这些方面面临的最新的问题。

四、最新的问题

我脑海中最新的问题仅仅是当前人类遗传学发展的基本性质。至少，这些发现要求我们重新思考道德哲学的某些问题，这些问题关涉人类的意义，我们与自然世界、与彼此之间和下一代的联系。事实上，早期的观察者如阿道司·赫胥黎担忧着战胜疾病、侵略、痛苦、焦虑、苦难和悲伤会让我们丧失对多种人性本质的理解，而这些人性为人类经验赋予意义。如今，很多人认为，人类遗传学的新发现需要当前叙事的重大改变或调整。这是非常正确的，因为我们不清楚我们是否有足够的能力，可以利用未来的新力量解放自己、规范自己、改善自己，并改变我们的社会地位。

尽管基因和环境因素有着复杂的交互关系，但是遗传药物（操控人类基因来改变显性特征）不断上升的前景，引起了很多人对优生学的恐惧。很多人害怕我们的新生育选择，会使新优生学陷入被滥用的危险境地，不仅国家可以掌控生育选择，我们自己也可以选择我们想要的孩子，成为"设计型"父母。对一些人来说，基因工程的前景为人类的超越性发展提供了新机遇。对其他人来说，正是基因工程损害了作为人的意义和作为人应该有的意义。

如今，虽然几乎没有人对复兴由社会偏见和幼稚而危险的科学支持的"古老"优生学有兴趣，但一些人强烈地认为，要区分"好的"遗传药物和过去"坏的"优生学是很难的。社会会用这项新技术来培育那些拥有所谓受人喜爱特质的品种，并通过法律或社会规则来干预那些拥有所谓不良特质的品种的培育。无论如何，这种状况都会引起忧虑。对于很多人来说，这项技术似乎会再次重复仅仅用科技方法应对社会问题的愚蠢错误。

在这方面，我们可以回想一下萨默塞特·毛姆的小说《魔术师》（1908），这部小说刻画了一位痴迷于创造胚胎并以此与上帝竞争，为此不惜牺牲新婚妻子的科学家。卡雷尔·恰佩克的戏剧《罗森的通用机器人》（1933）也刻画了试图用极端的非传统方式创造人类，并"以上帝自居"的科学家。有一些恐怖电影是以新科学落入魔掌为主题。在更新的一些电影和小说中，一个古老的主题再次出现了，即跨越"自然的"人类界限在伦理上是危险的。

当代遗传学的发展也使我们越来越接近"创世"问题：正如我已经提过的潜能，即对于人的数量、人出现的时间、人的身份、生命的长短和质量有更强的控制力。这样的能力引发了非常多的问题。比如说，这样的干预会造福还是伤害我们带到世上的人？我们是否在道德上有义务来阻止那些有严重残疾的人出现？携带什么样的基因会造成下一代残疾？在正常的调节尺度之上，基因对一个人的认知、生理和心理能力的提高（受完美主义驱使，而不是由于公正或善意）在道德上是该反对的吗？是否应改变基因引发了由完美主义引发的更广泛的伦理问题。精神药物是对我们真实身份的侵犯还是恢复？什么样的状态代表了我们真实的自己？为什么我们对使用类固醇的运动员感到不满，却不会对打疫苗的小孩感到不安？这些问题和其他的伦理问题无可避免地提醒着我们：我们的新技术带来了新问题、新责任，我们也需要建立一系列恰当的价值观来管控使用它们的决策。

我们还需要认真思考，改变遗传基因和新发现的行为的遗传机制对个人自主性的影响。个人自主和自我实现是自由民主的两大关键基础。任何对个人的自我实现能力的限制，不论是通过基因还是其他方面，都值得关注（诚然，限制可能来自各种各样的非科学来源，包括心理资源不足、资金不足、关心不足，还有歧视）。

虽然这些问题让我们更能看清人类的意义，但我们应该再回想一下之前所说的，没有不变的人性，只有不同时代、不同文化与星球上的不同环境给我们带来的多样人性。然而，这些问题和类似的问题正在产生，且具有新的紧迫性，因为对某些行为可能出现后果的了解，使我们已经能对其进行一定程度的衡量，而控制它们是对它们负责的必备条件。很明显，当今我们在科学和文化领域的行为会深刻影响我们种族的未来发展。

五、公共生物伦理学与公共政策

在直接讨论公共生物伦理学和公共政策之前，我想描述一下影响美国制定公共政策的一些核心要素，其中最明显的因素就是复杂性、方向不确定性、机会主义和行动议程的随机性。制定公共政策的道路就像一条还未选择路线的年轻河流——即使大致的流向似乎已经明确。公共政策过程中的人很少这么看，因为他们太过忙于明确问题（问题从来不少），寻找解决方案（很多方案互不相容），在可能的情况下寄希望于政治行为。像约翰·金登（1995）指出的那样，首要问题是问题定义者、问题解决者和政治行为者都在不同的圈子里工作。

采取政治行为的正确时间是最难以把握的。加上美国不仅非常喜欢限制政府，也偏爱分权式的政府系统，这使政府较难以提供先进工业社会需要的公共利益（如环境保护）。

在这样的政治环境下，我想突出说明一下我所说的公共生物伦理学。这个术语表明了关于生物伦理学的公共政策提案的开发过程，而这些提案是由正式委任的专家和其他有思想的公民组成的小组审议后产生的，例如由总统克林顿委任、我作为主席的全国生物伦理学咨询委员会。我们为什么应该有这样的小组？理由如下：

（1）为公共政策的制定提供所需要的专家建议。

（2）避免使总统政府和国会产生冲突。

（3）通过寻求他人建议显示"总统制"。

（4）不用通过除任命委员会以外的其他方式，就能显示对问题的积极关注。

（5）暂时性地通过行政机构或国会抢先采取行动。

（6）通过明智地选择"独立"的局外人来征求别人的意见。

进一步说，为什么这样的小组应面向大众？在伦理有争议的问题上，很多公民都反对或惊异于公众审议作为制定公共政策的基础。我自己的经验是，只要有可能，面向大众都是有益的，尤其在审慎的民主制中和在对待有道德争议的问题上。由此产生的公共性质的讨论有大量的好处：

（1）它锻炼了小组讨论能力，在某种意义上鼓励了人们三思而后言。

（2）它使小组接收到更多相关信息和所有利益相关团体的反馈。

（3）它提供了一个机会和平台，以在有争议的问题上表明对其他意见的尊重。

（4）它可以为以后的任何政府行动增加合法性。

在这一总体背景下，让我回顾一下公共生物伦理学的某项活动是怎样发展的。1996—2001年，全国生物伦理学咨询委员会处理了生殖性克隆问题（"多莉"问题）和对人类胚胎干细胞的研究。围绕这些问题的讨论包括：生殖过程是否具有神圣性；受精卵与早期胚胎具有怎样的道德地位。在美国，相关领域的第一个公共政策，关心的并不是是否应该克隆，或用人类的胚胎细胞做研究是否合法，而是美国政府自身是否应该赞助、支持那些可能破坏早期胚胎或在人类生殖过程中提供"不合适的干预"的研究。我会首先讨论回应多莉试验公共政策的制定。

六、多莉问题

为回应多莉试验而制定某种公共政策的最直接原因是,开始时公众对多莉出生新闻歇斯底里的情绪。虽然现在看来,这样的歇斯底里在某些方面有些奇怪,但在那时是非常真实的,且包含了科学界一些角落发出的非正式言论,这些言论表明几个世纪以来,人们对关于细胞DNA内容的重大发现缺乏认识。

除了歇斯底里、错误信息,以及不可信的基因决定论,人们还担心这项生殖技术会损害我们的个体感、独特感和我们的"人性"。

在多莉试验的新闻出来后,白宫立即致电全国生物伦理学咨询委员会,要求我们在90天内提出我们的建议。我们是这样进行的:第一,向广大专家征求意见和建议;第二,寻找将问题分类的方法,选择总统设置的时限内可以解决的方面。

在建议方面,我们首先请很多科学家向委员会简要报告这次争议涉及的科学问题。其次,我们向伦理学家请教,获得一些解决伦理问题的灵感和洞见,尤其是那些关于道德地位和威胁个人身份与自我价值的问题。我们也求助于宗教领导者和宗教学者,看看他们能否提供关于这些问题的观点。最后,我们征求科学界与公共政策有关人士的意见。

很多事情立即变得清晰起来。第一,道德哲学和神学为我们提供了许多工具和分析问题的灵感,我们咨询的道德哲学家和神学家给出的结论和建议与公众意见相一致。事实上,对于运用这项新技术的建议差异较大,有人要求利用这项技术,似乎它是安全并在道德上有价值的,但也有人认为参与这样一项"非自然的"或"像神一样的"活动本身就是罪恶的。第二，科学界首要关注的还是传统意义上的——为公众提供资源但不干预科技发展。第三，很明显，该研究过程并不安全，并且我们还没有完全了解它的影响。

显而易见的安全问题（对母亲和正在发育的胎儿来说），使得制定短期公共政策变得相当容易。很明显，单单靠道德哲学并不能提供足够令人信服的论据来解决公共政策问题。这时，我们把宪法和文学的问题抛在一边，暂时不去想最高法院会不会允许州政府或联邦政府对生殖领域的管理，不去认真评析有关同卵双胞胎即自然克隆的文学作品。鉴于时间的限制、前期研究和政治现实，我们决定不再去想关于胚胎分裂或胚胎研究的问题，包括关于生育诊所的工作，以及所有像克隆一样会引起伦理问题的事情。

因此，我们决定将关注点集中在仅为创造婴儿而使用的体细胞转移克隆上。长期伦理问题很难去评估，但当时的道德义务和公共政策很容易确定。我们的结论是，在当下，出于安全考虑，公共或私人部门运用这项技术制造孩子，在伦理上是让人难以接受的。虽然在我们心中，安全问题是首要关注的伦理问题，但我们也相信，进一步鼓励公众探讨和科学研究是有必要的。只不过，我们并不完全清楚，这项生殖技术在伦理上是否可行。既已做出了这项决定，唯一剩下的争议就是在这方面立法是否可取，因为法律要么涵盖公共和私人机构，要么仅包括公共基金的开支，之后寄希望于私人机构自愿限制服务范围。我们选择了前者，事实证明，这是战略上的失误。

七、人类胚胎干细胞

隔绝和培育人类胚胎干细胞的能力是一项重大的科学成就，它让人们兴奋又担忧。就像在多莉问题中一样，很多人已经忘记科学家在一段时间之前就知道我们体内含有自我更新和多能细胞，且哺乳动物的胚胎干细胞具有很强的多能性。现在，请容许我来讨论包括创造和利用人类胚胎干细胞的研究方面的道德问题。这些研究包括为隔离干细胞而损坏胚胎。我们对于受精卵和所谓的早期胚胎有道德上的责任吗？如果有，我们有什么样的责任呢？具体来说，这次讨论引发的问题如下：

（1）早期胚胎也有跟活着的孩子一样的道德地位吗？

（2）如果是这样的话，这种蓄意破坏算得上是一种杀人行为吗？

（3）如果不是这样的话，它应该在何种程度上受到保护呢？

（4）计算"人的生命"从何时开始？"人的生命"是否只有在某些发展阶段才需要保护？这些问题的回答是合乎逻辑的吗？

胚胎干细胞研究的反对者大致支持的观点为：胚胎在发育的所有阶段，都具有像活着的婴儿一样的道德地位。而且，他们经常提醒我们人类生命的神圣，而在他们看来，从受精卵开始，它就是神圣的。有了这样的信仰，他们不能认可仅仅为了科学或临床方面的进步就破坏胚胎，因为这属于谋杀无辜者的行为。其他很多人（包括我）则认为，我们对受精卵和早期胚胎并不存在那么全面的道德义务。我经常想，对于有信仰的人来说，把任何对象，包括将人类生命视为"神圣的"或摆在神一样的地位上，一定是令人恐慌甚至是盲目的。此外，在这个随意进行战争和执行死刑、有着鼓励体外受精的诊所、容许不当培养孩子的社会里，强调早期胚胎的"神圣性"对我来说似乎没有事实根据。况且，这样的担忧不管是否真实，都必须在另一个道德义务的语境下，尽我们所能消除疾病，解决对这一代和下一代带来的负担。

对一些人来说，在保护人类生命所有阶段的义务与为推动更好的医学临床模式发展的道德义务中，很难找到平衡。当然，如果包括成人干细胞或胚胎干细胞的其他研究战略也一样有用，或对早期胚胎的道德义务比其他因素都更重要，那么这样的冲突就不复存在了。鉴于当下的科学理解和现有的科技能力，没有简单的方法能应对这项挑战。因此，对人类胚胎干细胞的研究不仅继续引发严重而复杂的伦理问题，也使美国人在这方面的看法继续两极分化。

这些严重的伦理问题与公共政策有怎样的关系？第一，政府作为生物医学的重大支持者，也许必须跨越比个人和组织更高的道德障碍，因为政府行为牵涉到所有人。第二，政府对是否涉及公共资金非常关注，因为这可能涉及对生命的保护——预防自杀。第三，当公众在重要伦理问题上有严重分歧时，政府有重要的调节作用。因此，公共政策反映危险中的道德问题的某种立场很重要。

为了说明实际的公共政策是如何随着时间的推移而演变的，比较一下全国生物伦理学咨询委员会在这一领域的建议与克林顿政府的政策，将会给予我们启示。我们委员会鼓励使用联邦基金，来支持在生物医学研究中创造和使用人类胚胎干细胞，只是要对胚胎的使用予以批准和对来源加以限制。但克林顿政府则提倡一种"不要问、不要说"的政策，将联邦基金的使用限制于使用他人制造的人类胚胎细胞系。克林顿政府的政策似乎在说：要求破坏胚胎并为之付钱的人，可以与做这些事情的人在道德上分开！原则上，政策允许联邦政府赞助人类胚胎干细胞系的研究。然而，因为这些干细胞系由私人利益控制，以大学老师为主的科学家的参与，取决于私营公司持有的许可协议的性质，以及大学政策要求的开放性。这项政策的后续发展可以在布什政府的政策中看到，布什政府规定，联邦政府对胚胎干细胞研究的赞助仅限于2001年8月9日前剥离的干细胞系。显然，这一过程和政策仍然有很大的弹性。虽然比起布什政府，我更喜欢克林顿政府的立场，但是布什政府的政策在道德上更加一致。然而，这两种情况都限制了很大一部分国家头号生物医学科学家参与的可能性。这是一个沉重的代价，因为我们还需要克服相当大的科技难题，才能实现人类胚胎干细胞的新型临床模式。

关于人类胚胎干细胞研究的问题在英国也很有争议，议会两院的许多辩论都涉及这一问题。然而，英国政府制定了一项更加一致、深思熟虑和公开透明的政策，以统一的方式在公共和私营机构管理干细胞和相关领域的研究。在美国，则是私营机构"做什么都可以"，公共部门却受到严格限制。这项政策的一个后果是，在美国，我们对正在发生的事情知之甚少。再者，尽管在英国，在生物医学研究中制造和使用新的人类胚胎干细胞系是合法的，但所有这些活动都需要一个许可证，而许可证只有在所申请的研究符合科学要求、已征得同意，且同类别的其他研究不太有希望成功的条件下才能获得。因此，在英国，整个企业都向公众全面开放。

德国胚胎保护法与美国或英国的政策不同，禁止在人体胚胎上进行不利于胚胎本身的所有体外试验，因此禁止制造人类胚胎干细胞系。联合国教科文组织于 1997 年 11 月 11 日通过的《世界人权和人类基因组宣言》没有对胚胎的道德地位表达立场。在所有国家，公共或国际政策试图平衡两种相互对立的伦理主张——缓解人类痛苦、减少疾病的道德义务与尊重人类所有形式"生命"的道德义务。

八、结语

我们在 21 世纪的主要责任之一是，考虑我们迅速积累的新知识对社会和人类造成的影响与对公共政策的适当回应。无论人们对生物医学的进步、对不断发展的人类境遇的最终影响有何看法，对于那些维持个人日常生活的机构、价值观以及其他文化义务，所有有思想的公民都需要考虑生物医学对它们的持续影响。我们社会的质量将取决于科学和技术真正希望反映的道德规范。

科学是一个社会范畴，对科学的应用是社会的决定。科学世界和意义世界是密不可分的。事实上，科学家、诗人和哲学家的目标都是密切相关的。科学家对终极原因的探索和有创造力的艺术家对我们经验的终极现实的探索都是相似的，至少在情感上是如此，两者都试图以可以理解的方式结合自然世界和人类经验。在最好的情况下，两者都需要深刻的思考、广阔的想象、一定的谦逊，以及愿意尝试令人不安的想法的精神。无论是产生于实验室、图书馆、学者的研究，还是来自为我们所做的一切赋予意义的叙事，对人类境遇的细致而有深度的描绘都有许多共同特征。

然而，我们面临着一个很大的困惑：即使是深思熟虑的观察家，也很少认同新科技发展所引起的各种伦理和神学问题的相对重要性，哪个哲学方法最适用，某个特定办法如何为公共政策或私人行动提供信息。事实上，不论是正确的问题还是正确的答案，似乎都没有什么共同点，因此，我们往往无法仅仅通过哲学推理和审议的过程达成共识。我们必须用其他方式做出实际决定，否则我们必须接受这样一个事实，即我们也许并不总能解决所有争议和困难，因此，焦虑和伦理上的争议将继续伴随我们。尤其重要的是，要建立科学家和非科学家之间认真对话的平台，让所有参与者都有可能改变他们的想法。此外，科学家们可能是时候在这些问题上先行一步了，因为他们的知识赋予了他们特殊的责任。

在历史上，人们认为不同职业在道德领域负有各自的责任，并具有某种程度上的权威。事实上，有时这些特殊的道德义务有着正式的誓约形式，但大多时候它们包含在某些道德传统和责任里，被视为专业性责任的标志。也许我们正处在这样一个时刻，科学家们应该承担起一种特殊的责任，来帮助社会处理科技取得重大成果时产生的伦理问题。也许由这一切得出的主要教训如下：

（1）我们所听到的人们表达出的焦虑是真实的。科学家不仅需要让他人了解科学的潜能和局限性，而且在处理有关意义的问题时，还需要考虑公众的深切忧虑，并考虑科学的特殊局限性。

（2）我们不应混淆我们能做或正在做的事情和我们应该做的事。

我们需要面对如何使用新知识的伦理问题。

（3）在自由民主社会中，制定新的公共政策时要知道政府什么时候采取行动是合法和有用的，以及在什么时候、哪些工具——例如规章、法律和鼓励——是应该采用的。

（4）遵循道德伦理和针对道德上有争议的领域制定公共政策，需要个人和决策者不断地进行复杂的道德权衡。

（5）科学世界和意义世界是如此紧密地联系在一起，因此要实现其中一个世界的潜能，都需要与另一个世界打交道。

上述结论中最后一条，对学校的教学计划具有重要的启示意义。它提供了另一个方面的论点，即我们需要减少学科之间的障碍，研究生和本科教育之间的障碍，以及专业教育与大学其他教育之间的障碍。如果科学家和非科学家之间要进行认真的对话，他们就必须有能力共用一种语言，理解彼此的愿望与渴求。通过设计课程让学生在校期间有纪律地、有知情权地参与对话。对此，大学可以做出贡献。

那些推动生物医学向前发展的人和其他有思想的公民都有一个共同的关注点，那就是找到一种不仅能赋予道德意义和人类意义，也能减轻对未来的担忧的方式来运用新知识。毕竟，人类之所以与众不同，如果不是独一无二的话，是因为我们高度发达的移情能力，或者更笼统地说，是设身处地了解他人信仰和愿望的能力。如果科学家从其他人的角度设身处地地思考，反之亦然，我们可能会更好地理解彼此的需求和信念，这就是道德的意义所在。道德仍然是我们能力的核心，使我们的叙事和信仰适应我们对自然世界的日益加深的了解。

如果那些处于科学前沿的人希望得到公众的支持、理解和信任，他们就必须理解和消除那些肯定会继续成为公众关注点和影响公共政策的担忧。科学的价值与社会的价值是分不开的，只有全社会致力于科学事业的发展，科学事业的生命力才能持久。最重要的是，科学家和非科学家就像艺术家一样认真思索着，人类境遇无法逃避在创造更美好的未来过程中的痛苦和不确定性，当伦理问题触及人类意义问题的核心时尤其如此。记住：知晓我们人类到底是谁很难，了解我们应该成为什么样的人更难，而最难的则是理解我们可能成为什么样的人，应该成为什么样的人，成了什么样的人。

主要参考文献

[1] Altbach, P. G., R. O. Berdahl, and P. J. Gumport, eds. 1994. *Higher Education in American Society*. Amherst, N. Y.: Prometheus Books. *The American Academic Profession*. 1997. Special issue of *Daedalus* 126, no. 4 (Fall).

[2] Bacon, F. 1861-74. "Preface to *The Great Instauration*." In *The Letters and the Life of Francis Bacon, Including All His Occasional Work*, ed. J. Spedding, vol. 4, pp. 117-21. London.

[3] Balderston, F. E. 1995. *Managing Today's University: Strategies for Viability, Change, and Excellence*. 2nd ed. San Francisco: Jossey-Bass.

[4] Baldwin, J. W. 1971. *The Scholastic Culture of the Middle Ages*. Lexington, Mass.: D. C. Heath.

[5] Barrow, C. W. 1990. *Universities and the Capitalist State: Corporate Liberalism and the econstruction of American Higher Education, 1894-1928*. Madison: University of Wisconsin Press.

[6] Barry, B. 2001. *Culture and Equality*. Cambridge, Mass.: Harvard University Press.

[7] Barzun, J. 1993. *The American University: How It Runs, Where It Is Going*. Chicago: University of Chicago Press.

[8]Baumol, W. J., S. A. B. Blackman, and E. N. Wolff. 1989. *Productivity and American Leadership*. Cambridge, Mass.: MIT Press.

[9]Bender, T., and C. E. Schorske, eds. 1997. *American Academic Culture in Transformation: Fifty Years, Four Disciplines*. Foreword by S. R. Graubard. Princeton, N. J.: Princeton University Press.

[10] Berube, M., and C. Nelson, eds. 1995. *Higher Education under Fire: Politics, Economics, and the Crisis of the Humanities*. New York: Routledge.

[11] Bledstein, B. J. 1976. *The Culture of Professionalism: The Middle Class and the Development of Higher Education in America*. New York: Norton.

[12]Bok, D. 1982. *Beyond the Ivory Tower: Social Responsibilities of the Modern University*. Cambridge, Mass.: Harvard University Press.

[13] Bowen, W. G. 1987. *Ever the Teacher*. Princeton, N. J.: Princeton University Press.

[14]Bowen, W. G., T. I. Nygren, S. E. Turner, and E. A. Duffy. 1994. *The Charitable Nonprofits: An Analysis of Institutional Dynamics and Characteristics*. San Francisco: Jossey-Bass.

[15]Bowen, W. G., and H. T. Shapiro, eds. 1998. *Universities and Their Leadership*. Princeton, N. J.: Princeton University Press.

[16]Bowen, W. G., and J. A. Sosa. 1989. *Prospects for Faculty in the Arts and Sciences: A Study of Factors Affecting Demand and Supply, 1987-2012*. Princeton, N. J.: Princeton University Press.

[17] Boyle, R. 1670. "New Pneumatical Experiments about Respiration." *Philosophical Transactions* 5:2044.

[18] Brademas, J., with L. P. Brown. 1987. *The Politics of Education: Conflict and Consensus on Capital Hill*. Norman: University of Oklahoma Press.

[19] Brodie, K., and L. Banner. 1996. *Keeping an Open Door: Passages in a University Presidency*. Durham, N. C. : Duke University Press.

[20] Brown, P. 1969. *Augustine of Hippo*. Berkeley and Los Angeles: University of California Press.

[21] Brubacher, J. S., and W. Rudy. 1976. *Higher Education in Transition: A History of American Colleges and Universities*, 1636-1976. 3rd ed. New York: Harper Collins.

[22] Buchanan, A. 1985. *Ethics, Efficiency, and the Market*. Totowa, N. J. : Rowman & Allanheld.

[23] Buchner, E. F. 1904. *The Educational Theory of Immanuel Kant*. Philadelphia: J. B. Lippincott.

[24] Budig, G. A. 1992. *A Higher Education Map for the 1990s*. New York: Macmillan.

[25] Capek, K. 1933. *R. U. R*. Garden City, N. Y. : Doubleday.

[26] Carnegie Foundation for the Advancement of Teaching. 1990. *Campus Life: In Search of Community*. Foreword by E. L. Boyer. Princeton, N. J. : Carnegie Foundation for the Advancement of Teaching.

[27] Chadwick, O. 1975. *The Secularization of the European Mind in the 19th Century*. Cambridge, U. K. : Cambridge University Press.

[28] Chapman, G. 1998. "Will Technology Commercialize Higher Learning?" *Los Angeles Times*, Jan. 19.

[29] Chapman, J. W. 1983. *The Western University on Trial*. Berkeley and Los Angeles:University of California Press.

[30]Clark,B. R. 1983. *The Higher Education System:Academic Organization in Cross-National Perspective*. Berkeley and Los Angeles:University of California Press.

[31]——, ed. 1987. *Perspectives on Higher Education:Eight Disciplinary and Comparative Views*. Berkeley and Los Angeles:University of California Press.

[32]——. 1993. *The Research Foundations of Graduate Education:Germany,Britain,France,United States,Japan*. Berkeley and Los Angeles:University of California Press.

[33]——. 1995. *Places of Inquiry:Research and Advanced Education in Modern Universities*. Berkeley and Los Angeles:University of California Press.

[34]——. 1997. "The Modern Integration of Research Activities with Teaching and Learning." *Journal of Higher Education* 68,no. 3 (May-June):241-55.

[35] Clotfelter, C. T. 1992. *Who Benefits from the Nonprofit Sector?* Chicago:University of Chicago Press.

[36]——. 1996. *Buying the Best:Cost Escalation in Elite Higher Education*. Princeton,N. J. :Princeton University Press.

[37] Clotfelter, C. T. , R. G. Ehrenberg, M. Getz, and J. J. Siegfried. 1991. *Economic Challenges in Higher Education*. Chicago:University of Chicago Press.

[38] Cohen, A. M. 1998. *The Shaping of American Higher Education:Emergence and Growth of the Contemporary System*. San Francisco:Jossey-Bass.

[39] Cohen, M. D., and J. G. March. 1986. *Leadership and Ambiguity: The American College President*. 2nd ed. Boston: Harvard Business School Press.

[40] Collins, F. 1995. "The Human Genome Project." In *Life at Risk: The Crisis in Medical Ethics*, ed. R. D. Lamb and L. A. Moore, pp. 100-113. Nashville: Broadman and Holman.

[41] Committee on the Objectives of a General Education in a Free Society. 1945. *General Education in a Free Society: A Report of the Harvard Committee*. Cambridge, Mass.: Harvard University Press.

[42] Dickeson, R. C. 1999. *Prioritizing Academic Programs and Services: Reallocating Resources to Achieve Strategic Balance*. Foreword by S. O. Ikenberry. San Francisco: Jossey-Bass.

[43] *Die Zukunft der Geistes- und Sozialwissenschaften in Landern Mittelosteuropas unter Berucksichtigung von Erfahrungen aus dem deutschen Einigungsprozess—The Future of Humanities and Social Sciences in Central Eastern European Countries with Consideration of Experiences from the German Unification Process*. 1995. DAAK-GAAC Symposium Halle (Salle), 1-4 November 1995. Publications of the GAAC Symposia, vol. 3 (1995). Bonn-Washington, D. C.: DAAK-GAAC.

[44] *Distinctively American: The Residential Liberal Arts Colleges*. 1999. Special issue of *Daedalus* 128, no. 1 (Winter).

[45] Douglas, J. A. 2000. *The California Idea and American Higher Education, 1850 to the 1960 Master Plan*. Stanford, Calif.: Stanford University Press.

[46] DuBois, W. E. B. 1903. *The Souls of Black Folks: Essays

and Sketches. Chicago: A. C. McClurg.

[47] Duderstadt, J. J., D. E. Atkins, and D. Van Houweling. 2002. *Higher Education in the Digital Age: Technology Issues and Strategies for American Colleges and Universities*. Westport, Conn.: Praeger.

[48] Duderstadt, J. J., H. T. Shapiro, F. Popoff, S. Olswang, and P. C. Hillegonds. 1995-96. *Changing in a World of Change: The University and Its Publics*. A series of addresses by the Senate Assembly and the Office of the President, University of Michigan.

[49] Ehrenberg, R. G. 1997. *The American University: National Treasure or Endangered Species?* Ithaca, N. Y.: Cornell University Press.

[50] Ehrlich, T., with J. Frey. 1995. *The Courage to Inquire: Ideals and Realities in Higher Education*. Bloomington: Indiana University Press.

[51] Fallon, D. 1980. *The German University*. Boulder: Colorado Associated University Press.

[52] Finkelstein, M. 1984. *The American Academic Profession: A Synthesis of Scientific Inquiry since WorldWar II*. Columbus: Ohio State University Press.

[53] Finkelstein, M. 1993. "From Tutor to Academic Scholar: Academic Professionalism in Eighteenth and Nineteenth Century America." *History of Higher Education Annual* 3:99-121.

[54] Flawn, P. T. 1990. *A Primer for University Presidents: Managing the Modern University*. Austin: University of Texas Press.

[55] Fleming, R. W. 1996. *Tempests into Rainbows: Managing Turbulence*. Ann Arbor: University of Michigan Press.

[56] Flexner, A. 1908. *The American College: A Criticism*. New York: Century. Foner, E. 1990. *The New American History*. Philadelphia: Temple University Press.

[57] Freedman, J. O. 1987. "A Commonwealth of Liberal Learning." Inaugural address delivered at Freedman's installation as the fifteenth president of Dartmouth College. *The Future of the Government/University Partnership*. 1996. Proceedings of the 1996 Jerome B. Wiesner Symposium, ed. G. D. Krenz. Ann Arbor: University of Michigan.

[58] Gauguin, P. 1897. *Where Do We Come From? What Are We? Where Are We Going?* Oil on canvas. Tompkins Collection, Boston Museum of Fine Arts.

[59] Geiger, R. L. 1986. *To Advance Knowledge: The Growth of American Research Universities*. New York: Oxford University Press.

[60] ——. 1993. *Research and Relevant Knowledge: American Research Universities sinceWorldWar II*. New York: Oxford University Press.

[61] Giamatti, A. B. 1988. *A Free and Ordered Space: The Real World of the University*. New York: Norton.

[62] Glassick, C. E., M. T. Huber, and G. I. Maeroff. 1997. *Scholarship Assessed: Evaluation of the Professoriate*. An Ernest L. Boyer Project of the Carnegie Foundation for the Advancement of Teaching. San Francisco: Jossey-Bass.

[63] Gless, D. J., and B. H. Smith. 1992. *The Politics of Liberal Education*. Durham, N. C.: Duke University Press.

[64] Goethe, J. W. von. 1992-98. *Faust*. Trans. M. Greenberg. 2 vols. New Haven, Conn.: Yale University Press.

[65] Goodchild, L. F., and H. S. Wechsler, eds. 1997. *ASHE Reader on the History of Higher Education*. 2nd ed. Needham Heights, Mass.: Simon & Schuster Custom Publishing.

[66] Grafton, A., and L. Jardine. 1986. *From Humanism to the Humanities: Education and the Liberal Arts in Fifteenth- and Sixteenth-Century Europe*. Cambridge, Mass.: Harvard University Press.

[67] Graham, H. D., and N. Diamond. 1997. *The Rise of American Research Universities: Elites and Challengers in the Postwar Era*. Baltimore: Johns Hopkins University Press.

[68] Grant, G., and D. Riesman. 1978. *The Perpetual Dream: Reform and Experiment in the American College*. Chicago: University of Chicago Press.

[69] Hamlin, A. T. 1981. *The University Library in the United States*. Philadelphia: University of Pennsylvania Press.

[70] Hanson, K. H., and J. W. Meyerson. 1990. *Higher Education in a Changing Economy*. New York: Macmillan.

[71] Hanson, K. H., and J. W. Meyerson, eds. 1995. *International Challenges to American Colleges and Universities: Looking Ahead*. Phoenix: Oryx Press.

[72] Haskins, C. H. 1990. *The Rise of Universities*. 18th ed. Ithaca, N. Y.: Cornell University Press.

[73] Henry, J. B., and C. H. Scharff. 1996. *College As It Is, or The Collegian's Manual in 1853*. Ed. J. J. Looney. Princeton, N. J.: Princeton University Libraries.

[74] Herbst, J. 1981. "Church, State and Higher Education: College Government in the American Colonies and States before

1820. " *History of Higher Education Annual* 1:42-54.

[75] Hirsch, W. Z. , and L. E. Weber. 1999. *Challenges Facing Higher Education at the Millennium*. Phoenix:Oryx Press.

[76] Hofstadter, R. 1952. *The Development and Scope of Higher Education in the United States*. New York:Columbia University Press.

[77]——. 1996. *Academic Freedom in the Age of the College*. Introduction by R. L. Geiger. New Brunswick, N. J. :Transaction.

[78] Hofstadter, R. , and W. Smith, eds. 1961. *American Higher Education:A Documentary History*. 2 vols. Chicago:University of Chicago Press.

[79] Houellebecq, M. *The Elementary Particles*. Trans. F. Wynne. New York:Knopf, 2000.

[80] Huxley, T. 1934. *Readings from Huxley*. Ed. C. Rinaker. New York:Harcourt, Brace. *In Praise of Libraries*. 1989. New York: New York University Press.

[81] Jencks, C. , and D. Riesman. 1968. *The Academic Revolution*. New York:Doubleday.

[82] Johnson, H. W. 1999. *Holding the Center:Memoirs of a Life in Higher Education*. Cambridge, Mass. :MIT Press.

[83] Kaplin, W. A. , and B. A. Lee. 1995. *The Law of Higher Education: A Comprehensive Guide to Legal Implications of Administrative Decision Making*. 3rd ed. San Francisco:Jossey-Bass.

[84] Kennedy, D. 1998. *Academic Duty*. Cambridge, Mass. : Harvard University Press.

[85] Kerr, C. 1963. *The Uses of the University*. The Godkin Lectures at Harvard University. Cambridge, Mass. : Harvard

University Press.

[86]——. 2001-3. *The Gold and the Blue:A Personal Memoir of the University of California*, 1949-67, vol. 1, *Academic Triumphs*; vol. 2, *Political Turmoil*. Berkeley and Los Angeles: University of California Press.

[87] Kimball, B. A. 1995. *Orators and Philosophers:A History of the Idea of Liberal Education*. The College Board Forum on Standards and Learning. New York: College Entrance Examination Board.

[88]——. *Voices from the Liberal Tradition:A Documentary History with Introductions, Notes, and Many New Translations*, vol. 1, *Origin to the End of the 1500s*; vol. 2, *1602 to the Twenty-first Century*. Unpublished manuscript.

[89] Kingdon, J. 1995. *Agendas, Alternatives, and Public Policies*. Boston, Mass.: Addison-Wesley.

[90] Kirkland, J. T. 1818. "Literary Institutions, University, Library." *North American Review* 8:191-200.

[91] Kors, A. C., and H. A. Silverglate. 1998. *The Shadow University:The Betrayal of Liberty on America's Campuses*. New York:Free Press.

[92] Leslie, W. B. 1992. *Gentlemen and Scholars: College and Community in the "Age of the University,"* 1865-1917. University Park:Pennsylvania State University Press.

[93] Levine, A., ed. 1994. *Higher Learning in America*, 1980-2000. Baltimore:Johns Hopkins University Press.

[94] Levine, D. O. 1987. *The American College and the Culture of Aspiration*, 1915-1940. Ithaca, N. Y.:Cornell University Press.

[95]Lewis, S. 1998. *Arrowsmith*. New York: Penguin.

[96]Light, R. J. 2001. *Making the Most of College: Students Speak Their Minds*. Cambridge, Mass.: Harvard University Press.

[97]Locke, J. 1899. *Some Thoughts Concerning Education*. Ed. W. H. Payne. Boston.

[98]*Looking to the Twenty-first Century: Higher Education in Transition*. 1995. The David D. Henry Lectures, 1986-93. Introduction by S. O. Ikenberry. Urbana-Champaign: University of Illinois Press.

[99]Lucas, C. J. 1994. *American Higher Education: A History*. New York: St. Martin's Press.

[100] Macaulay, T. B. 1972. "The London University." In *Selected Writings*, ed. J. Clive and T. Pinney, pp. 41-72. Chicago: University of Chicago Press.

[101]Marsden, G. M. 1994. *The Soul of the University: From Protestant Establishment to Established Nonbelief*. New York: Oxford University Press.

[102] Maugham, S. 1908. *The Magician*. New York: G. H. Doran. McMullen, H. 2000. *American Libraries before 1876*. Westport, Conn.: Greenwood Press.

[103]McPherson, M. S, M. O. Schapiro, and G. C. Winston. 1993. *Paying the Piper: Productivity, Incentives, and Financing in U. S. Higher Education*. Ann Arbor: University of Michigan Press.

[104] *The Modern University: Its Present Status and Future Prospects*. 1994. Papers from the Sixth Kenan Convocation, April 22-24, 1993. Chapel Hill, N. C.: William Rand Kenan Jr. Charitable Trust.

[105] Montaigne, M. 1957. *The Complete Works of Montaigne*. Trans. D. M. Frame. London: Hemish Hamilton.

[106] *Neue Horizonte in Forschung und Hochschule: Trends, Rahmenbedingungen und Chancen—New Horizons in Research and Higher Education: Trends, Constraints and Opportunities*. 1996. Zweites Offenliches DAAK Symposium—Second Public GAAC Symposium. Publications of the GAAC Symposia, vol. 4 (1995). Bonn-Washington, D. C. : DAAK-GAAC.

[107] Nevins, A. 1962. *The Origins of the Land-Grant Colleges and State Universities*. Washington, D. C. : Civil War Centennial Commission.

[108] Newman, J. H. 1999. *The Idea of a University: Defined and Illustrated*. Washington, D. C. : Regency Publishing.

[109] Orrill, R., ed. 1997. *Education and Democracy: Reimagining Liberal Learning in America*. New York: College Entrance Examination Board.

[110] Patton, R. B. 1838. "Public Libraries." *American Biblical Repository* 11:174-87.

[111] Pelikan, J. 1992. *The Idea of the University: A Reexamination*. New Haven, Conn. : Yale University Press.

[112] Plato. 1992. *The Trial and Death of Socrates: Four Dialogues*. Trans. B. Jowett. New York: Dover.

[113] Pope, A. 1950. *Essay on Man*. Ed. M. Mack. London: Methuen.

[114] ——. 1999. *The Dunciad*. Ed. V. Rumbold. New York: Longman. Portman, D. N. 1992. *Early Reform in American Higher Education*. Foreword by A. P. Splete. Chicago: Nelson-Hall.

[115] *Proceedings of the American Revolutionary Colleges Conference on the Liberal Arts and Education for Citizenship in the Twenty-first Century*, March 26-27, 1998, Dickinson College. Carlisle, Penn. : Clarke Center for the Interdisciplinary Study of Contemporary Issues.

[116] Quincy, J. 1833. *Considerations Relative to the Library of Harvard University Respectfully Submitted to the Legislature of Massachusetts*. Cambridge, Mass.

[117] Reuben, J. A. 1996. *The Making of the Modern University: Intellectual Transformation and the Marginalization of Morality*. Chicago: University of Chicago Press.

[118] Ridky, J., and G. F. Sheldon. 1993. *Managing in Academics: A Health Center Model*. St. Louis: Quality Medical Publishing.

[119] Rosenzweig, R. M. 1998. *The Political University: Policy, Politics, and Presidential Leadership in the American Research University*. Baltimore: Johns Hopkins University Press.

[120] Rosovsky, H. 1990. *The University: An Owner's Manual*. New York: Norton.

[121] Ruch, R. S. 2001. *Higher Ed, Inc. : The Rise of the For-Profit University*. Baltimore: John Hopkins University Press.

[122] Rudenstine, N. L. 2001. *Pointing Our Thoughts: Reflections on Harvard and Higher Education*, 1991-2001. Foreword by H. H. Gray. Cambridge, Mass. : Harvard University.

[123] Rudolph, F. 1962. *The American College and University: A History*. New York: Knopf.

[124] ——. 1977. *Curriculum: A History of the American*

Undergraduate Course of Study since 1636. San Francisco: Jossey-Bass.

[125] *Science, Technology, and the Federal Government: National Goals for a New Era*. 1993. Washington, D. C. : National Academy Press.

[126] Sen, A. 1987. *On Ethics and Economics*. New York: Basil Blackwell. Shapiro, H. T. 1987. *Tradition and Change: Perspectives on Education and Public Policy*. Ann Arbor: University of Michigan Press.

[127] Shaw, G. B. 1908. *The Sanity of Art*. New York: B. R. Tucker.

[128] ——. 1911. *The Doctor's Dilemma*. London: Constable and Co. Shelley, M. W. 1992. *Frankenstein*. Ed. J. M. Smith. Boston: St. Martin's Press.

[129] Shils, E. 1992. "Universities: Since 1900." In *The Encyclopedia of Higher Education*, ed. B. R. Clark and G. Neave, pp. 67-79. New York: Pergamon Press.

[130] ——. 1997. *The Calling of Education: The Academic Ethic and Other Essays on Higher Education*. Ed. S. Grosby, foreword by J. Epstein. Chicago: University of Chicago Press.

[131] Shires, M. A. 1996. *The Future of Public Undergraduate Education in California*. Santa Monica, Calif. : RAND.

[132] Sophocles. 1994. *Antigone—The Women of Trachis—Philoctetes—Oedipus at Colonus*. Ed. and trans. H. Lloyd-Jones. Cambridge, Mass. : Harvard University Press.

[133] Spencer, H. 1900. *Education: Intellectual, Moral, and Physical*. New York: Appleton.

[134]Swift,J. 2003. *Gulliver's Travels*. London:Penguin.

[135]Sykes,C. J. 1988. *ProfScam:Professors and the Demise of Higher Education*. Washington,D. C. :Regnery Gateway.

[136]Tappan,H. 1851. *University Education*. New York:George P. Putnam.

[137] Ticknor, G. 1876. *Life, Letters and Journals of George Ticknor*. Boston:J. R. Osgood.

[138]Tolstoy, L. 1977. "Hadji Murat." In *Master and Man and Other Stories*, pp. 127ff. London:Penguin Classics.

[139]Trow,M. A. 1975. "The Public and Private Lives of Higher Education."*Daedalus* 104,no. 1:113-27.

[140]——. 1989. "American Higher Education: Past, Present, Future."*Studies in Higher Education* 14,no. 1:5-22.

[141]University of Chicago. 1997. *The Aims of Education: The College of the University of Chicago*. Chicago:University of Chicago.

[142]Van Doren,C. 1991. *A History of Knowledge:The Pivotal Events, People, and Achievements of World History*. New York: Ballantine Books.

[143]Veblen, T. 1993. *The Higher Learning in America*. New Brunswick,N. J. :Transaction,1993.

[144] Veysey, L. R. 1965. *The Emergence of the American University*. Chicago:University of Chicago Press.

[145] Walzer, M. 1994. *Thick and Thin:Moral Argument at Home and Abroad*. Notre Dame, Ind. : University of Notre Dame Press.

[146] Wayland, F. 1842. *Thoughts on the Present Collegiate System in the U. S.* Boston:Gould,Kendall,and Lincoln.

[147]——. 1850. "Report to the Corporation of Brown University on Changes in the System of Collegiate Education." Providence, R. I., Mar. 28.

[148] Wells, H. G. 1993. *The Island of Doctor Moreau*. Ed. B. Alders. London:J. M. Dent.

[149] Whitehead, A. N. 1929. *The Aims of Education*. New York:Macmillan.

[150] Wilson, J. F. 1982. *Religion:A Preface*. Englewood Cliffs, N. J. :Prentice Hall.

[151] Wingspread Group on Higher Education. 1993. *An American Imperative:Higher Expectations for Higher Education. An Open Letter to Those Concerned with the American Future*. Racine, Wis. :Johnson Foundation.

[152] Wolfle, D. 1972. *The Home of Science:The Role of the University*. New York:McGraw-Hill.

[153] Ziolkowski, T. 2000. *The Sin of Knowledge*. Princeton, N. J. :Princeton University Press.

译后记

本书的原著，是美国教育家哈罗德·T. 夏普罗在纪念克拉克·克尔的系列讲座中的发言。哈罗德·T. 夏普罗曾先后担任密歇根大学和普林斯顿大学的校长，几十年执掌公立学校和私立学校的经验让他对美国高等教育有深入的理解，形成了涉及高等教育定位、培养目标、高校的社会职能等方面系统的教育理念。在本书有限的篇幅中，他通过美国大学自内战后经历的巨大转型、人文教育的最终目的、科学伦理的复杂性等方面的讨论，阐述了大学与社会之间复杂的动态关联模式。他的论述涉及高等教育发展面临的具体挑战，比如：如何满足不同人群对高等教育不同层次的要求？如何平衡国际化和教育资源合理分配的矛盾？如何实现信息化时代知识产权的合理保护？如何在日益商业化的校园中保持学术的独立性？如何正确地发展和使用科学技术？这些问题的思考和回答，将有利于发挥高等教育在社会发展中的推动作用，为培养有专门技能和高尚道德的人才及创建美好的社会生活提供指导和借鉴。作者宝贵的高校管理经验、对美国高等教育发展的历史审视、对教育问题启发式的讨论，使本书成为教育研究者不可多得的资料。

本书的出版，得到了华中科技大学外国语学院和教育科学研究院领导及专家的大力支持。在此，全体编译人员谨向他们表示衷心的感谢！在译本出版过程中，华中科技大学出版社的编辑们付出了辛勤的劳动，感谢他们认真负责的态度和一丝不苟的精神！

  本书原著作者系美国人，其观点与立场皆基于美国社会来阐述，本译著尊重作者原文，并无特殊政治含义。本书原著涉及高等教育的诸多领域，如哲学、宗教、科技、体育等，作者叙述中牵涉的历史事件、人物、组织机构之多都给翻译提出了巨大的挑战。尽管我们认真查阅相关资料，努力弄懂原文信息，并尽量清晰地呈现给读者，但是由于时间仓促、水平有限，难免有疏漏和不足之处，欢迎广大读者批评指正！

冯学芳

2022 年 6 月